Sergio Montoya Chica

¡TE ORDENO SER LIBRE!
Otros caminos en Terapia Breve Estratégica

Creating Links & Advanced Services

3ª Edición – Revisada y Ampliada - 2014
Título Original en castellano: ¡Te ordeno ser libre!
© Copyright de Sergio Montoya Chica
Editado por Creating Links & Advanced Services
CLASE S.L.

ISBN13 9781497355149 – ISBN10 1497355141

A Clara, mi mujer,
A mis hijos
Hestevan, Marianna y Pablo
A mis otros "niños"
Carlos Esteban, Melissa,
Andrés Felipe, Sebastián y Mateo.

A Meritxell, Joan y Yolanda
por la inmensa paciencia que han tenido conmigo.

A mis consultantes
A mis alumnos
A mis compañeros
A mis profesores e inspiradores

CONTENIDO

LA CONCENTRACIÓN Y LA PIEDAD

"Un joven, preso de la amargura, acudió a un monasterio en Japón y le confesó a un anciano maestro:
- Querría alcanzar la iluminación pero soy incapaz de soportar los años de retiro y meditación. ¿Existe un camino rápido para alguien como yo?
- ¿Te has concentrado a fondo en algo durante tu vida?
-le preguntó el monje.
- Sólo en la práctica del ajedrez –contestó el joven después de pensarlo un buen rato.

El maestro llamó entonces a otro monje y le susurró algo al oído. Pasados unos minutos, trajeron tablero de ajedrez y una espada afilada que brillaba al sol.

- Ahora vas a jugar una partida muy especial de ajedrez. Si pierdes, te cortaré la cabeza con esta espada; si ganas se la cortaré a tu adversario.

La mortal partida dio comienzo. El joven notaba pequeñas gotas de sudor recorriendo su espalda. El tablero se convirtió en el mundo entero. Se identificó con él y formó parte de él. Empezó perdiendo, pero su adversario cometió un desliz. Sin darle tiempo a reaccionar, aprovecho la ocasión para lanzar un fuerte ataque que cambió su suerte. Entonces miró de reojo a su anciano adversario. Vio su rostro inteligente y sincero, marcado por años de esfuerzo. Evocó su propia vida, ociosa y banal... Y de repente se sintió tocado por la piedad. Así que cometió un error voluntario y luego otro, y otro más... iba a perder. Viéndolo el maestro, arrojó el tablero al suelo y las piezas se mezclaron.
- No hay vencedor ni vencido –dijo-. No caerá ninguna cabeza.

Se volvió hacia el joven y añadió:

- Dos cosas son necesarias: la concentración y la piedad. Hoy has aprendido las dos"[1]

---

[1] Bielba y Zabaleta, Culto Zen. Edimat libros. 2005. Págs. 157-158

Comentario a propósito de esta nueva edición

¿No sabes tú que no es valentía la temeridad?
Don Quijote de la Mancha

"Estratégico" según la RAE significa "Dicho de un lugar, de una posición, de una actitud, etc., de importancia decisiva para el desarrollo de algo" entre otras cosas.

En los primeros tiempos se señalaba a esta orientación Terapia Breve Sistémica y con el paso del tiempo ha pasado a llamarse "Estratégica" y aunque el concepto anterior era muy acertado, el señalamiento "estratégico" es "más" acertado aún. No se podría entender la TBE sin las aportaciones del enfoque sistémico, pero también es claro que se puede ser "sistémico" sin ser estratégico y esto no haría justicia a la promesa de la TBE de conseguir cambios duraderos y efectivos conseguidos en cortos períodos de tiempo. El asunto no está concluido y podemos seguir construyendo conocimiento a partir de esto.

Aunque la quería hacer casi desde que publiqué el libro por primera vez, he adelantado esta revisión debido a que me iba a exponer ante un grupo de alumnos del Master de Terapia Familiar Sistémica de la escuela STIRPE en Madrid dirigida por uno de los principales representantes de esta corriente en habla hispana como es el Maestro José Antonio Ríos que la ha estudiado y enseñado durante más de 4 décadas. Agradezco a la psicóloga Zairy Méndez por haber facilitado este contacto.

He incorporado muchas notas al pie, hemos corregido errores tipográficos, he redactado nuevamente algunos párrafos, he añadido material nuevo en algunas secciones, hemos hecho cambio de formato en los párrafos y en el tamaño del libro (algo de estética no viene mal). Así que, si bien, el libro es esencialmente el mismo, considero que ha quedado un poco más "limpio".

Puedo ser considerado un atrevido, un fresco y un hereje para algunos sectores de la profesión, pero quiero quitar esa posibilidad:

Debo ser considerado, ordeno ser considerado un atrevido, un fresco y un hereje; ya que ésta es la única forma que tengo para justificar algunas de mis afirmaciones. En medio de ese río revuelto, confío en que algunos puedan pescar ideas útiles.

Creo que la psicología y todas sus ramas terapéuticas están por inventar. Esto no quiere desvalorizar los cientos de trabajos científicos que los estudiosos de estas disciplinas hacen, pero sí señalar que es una ciencia joven y que es más lo que podemos desarrollar que lo que está desarrollado. Aplaudo todos los intentos por inventar nuevos modelos conceptuales y prácticos, pero se llevan una ovación aún mayor aquellos que demuestran sus "apuestas" con resultados en la vida real de las personas. Nuestros consultantes no necesitan grandes tratados acerca de sus problemas, cuando se acercan a un terapeuta, requiere encontrar con éste, soluciones efectivas, rápidas y duraderas en el tiempo que además le permita librarse de la muleta de los terapeutas.

INTRODUCCIÓN

Innumerables horas de discusiones "científicas" y decenas de miles de páginas de libros y publicaciones se han malgastado constantemente para demostrar que, siendo el modo propio de ver la realidad el único justo y verdadero, todo aquel que vea la realidad de otro modo ha de estar necesariamente equivocado.
Paul Watzlawick[2]

Este pequeño libro-manual está dirigido a psicólogos, psicoterapeutas y personas que han tenido relación, aunque fuese mínima con la Terapia Breve Estratégica o Terapia Breve Sistémica o Terapia Breve centrada en la estrategia. Llámese como se llame, sus raíces y orígenes son más o menos los mismos y como un árbol genealógico se pueden seguir fácilmente la pista de su nacimiento. Habida cuenta de esta facilidad no vamos a gastar líneas en mencionar esa "genealogía" y esperamos que si este es el primer contacto con estas ideas, el lector busque la bibliografía correspondiente.

Es un libro que puede servir como complemento a los libros "oficiales" que describen esta orientación.

No es un manual para saber aplicar el modelo, sino para ampliar la visión de las perspectivas que estas técnicas tienen. Existen cientos de tácticas, estrategias y técnicas que alimentan este modelo de intervención, en este libro encontrará más nuestro énfasis particular en algunas de ellas que una explicación extensa de las mismas.

Mi intención vanidosa, casi todos los libros tienen una, era simplemente decir que ya llevaba más de 25 años hablando, aplicando, pensando y debatiendo sobre el modelo de Terapia Breve

---

[2] En El Arte del Cambio. Nardone y Watzlawick. Herder. 1992. Pág. 16

Estratégica del grupo de Palo Alto, California, EUA. Y, si bien tenía la idea flotando hace algunos años, me animé a empezar este relato cursando un Master de Terapia Breve Estratégica desde la estupenda evolución que ha hecho Giorgio Nardone desde Arezzo, Italia, y que ha sido organizado con todo éxito por el Área de Intervención Estratégica del Instituto Gestalt en Barcelona.

Sé que estos nombres y lugares son comunes para quienes han estado interesados en este modelo en los últimos años, así que no me extenderé en explicar mucho de sus historias.

La idea de este libro es comentar algunos énfasis, estilos y precisiones personales que he realizado inevitablemente a través de la aplicación de las diferentes variantes de lo que hoy se conoce como TBE.

Es más, estoy comprometido en la investigación de todas aquellas técnicas que puedan aportar ideas nuevas, refrescantes pero sobretodo efectivas y que no riñan con su base epistemológica, a través del proyecto SOLUCIONES[3], y que pueda llevarnos a algo como la *Terapia Estratégica Breve Integradora (TEBI)*.[4]

Esta idea quiere sincronizar aquellos esfuerzos de diferentes disciplinas y áreas del saber y el vivir humanos que puedan llevar a que la "tecnología" de la resolución de problemas sea más accesible a las personas e incluso se convierta en parte de otra manera de ver y de pensar.

---

[3] Este proyecto, con el paso del tiempo se ha convertido es una especie de elefante blanco debido a la imposibilidad de conseguir los recursos adecuados para ponerlo en marcha. Puedo decir que aún sueño con la posibilidad de hacerlo funcionar, pero he de esperar a que se den determinadas condiciones.
[4] No debe confundirse esta intención con los esfuerzos de otros autores de integrar diferentes técnicas venidas de propuestas epistemológicas variadas e incluso contrapuestas, pero dentro de las psicoterapias. Cuando hablamos de integración hablamos en esta primera insinuación de estudiar y valorar aquellas soluciones efectivas que ofrecen diversas disciplinas y ámbitos de acción humanos que incluso no pueden enmarcarse en ninguna corriente científica o de pensamiento.

Las matizaciones personales a los trabajos de estos grupos de investigación no tienen, ni pretenden tener un carácter rigurosamente científico, pero sí están nacidas de la lógica inherente a estos modelos y por tanto, aunque no tienen las estadísticas de su efectividad, sí están suficientemente ensayadas y contrastadas a través de mi experiencia profesional, de la confrontación con otros colegas psicólogos, con los pacientes de los alumnos en práctica de la Facultad de Psicología de Universidad de San Buenaventura en Colombia, que fueron supervisados directamente por mí durante varios años como profesor-supervisor en esta universidad.[5]

La validez de las ideas de los libros viene dada por la forma en que los datos han sido recabados, por el manejo que de esos datos se ha hecho, por la aplicación de un método riguroso para su análisis y por la legitimidad de quién lo escribe. En este sentido, he de decir que las ideas aquí expresadas como una elaboración o derivación particular, tienen la validez propia de un desconocido que no es nadie en el concierto de la TBE a nivel internacional y que no tiene cómo avalar, más que por su experiencia, los datos que escribe. Así que validez científica, posiblemente, ninguna.

Pero hay otra validez en los libros y es la elaboración que cada lector hace de lo que lee y que confronta con su experiencia dándole un lugar en su repertorio profesional como una idea o una acción digna de ser tenida en cuenta o de ser ensayada. Como los aspectos de la validez pueden parecer bastante dudosos, confío que los lectores de esta obra, le den el valor que la fuerza de las ideas pueda tener y les ayuden de manera efectiva en su práctica profesional.

Este libro contiene precisiones acerca de técnicas o ideas de los diferentes modelos de la TBE, que creo útiles a la hora de conseguir los resultados esperados por el consultante.

---

[5] No sé si al lector le ha pasado que necesita leer algunas cosas en contextos diferentes para poder caer en la cuenta de lo importante que eran. Este es posiblemente un efecto previsible de este libro. Al no tener pretensiones de innovación, es posible que algunos encuentren en mi particular forma de redactar ideas que otros ya han dicho, incluso de una forma mucho más científica y rigurosa que yo, pero que en su momento se les escapó y ahora que las lee de otra manera, las entiende mejor o se da cuenta de su importancia.

Para asumir mi responsabilidad en cada uno de las ideas que expongo aquí hablaré de la TBE como si fuese "mi modelo", aunque esta idea sea "igual" a la expresada por sus respectivos formuladores. Si este es el caso, espero no dejar por fuera ningún crédito de quien sea su autor o su inspirador. Dejo constancia que lo expresado aquí es la síntesis, descripción, incluso repetición de personajes tan importantes como Paul Watzlawick, Giorgio Nardone, Steve de Shazer, John Weakland, Richard Fisch, Milton Erickson, Lean Segal, y teóricos de igual o mayor relevancia como Heinz Von Foerster, Ernst Glasersfeld, Humberto Maturana, Carlos Castaneda y filosofías tan contundentes como el Tao, el Zen, el Budismo y algunos principios de filosofías y religiones orientales. No obstante pondremos al final una lista de los libros más representativos para que las personas que quieran profundizar en los diversos temas, tengan alternativas.

Como el lector podrá evidenciar a través de la lectura de este libro, la lógica que utiliza la TBE, como señala Nardone, recorre un camino diferente a la que tienen las culturas occidentales tradicionales que son las que fundamentan, entre otras cosas, el supravalorado "sentido común". Esto significa que el lector podrá seguir el rumbo que quiera o le convenga al leer el libro y que no tendrá que seguir linealmente todos los capítulos hasta el final. Esta forma de hacer el libro corresponde a un intento de mostrar una manera de escribir no lineal, sino multidimensional que pretende entre otras cosas que el lector adquiera un mayor protagonismo integrando en su cabeza las piezas de este puzzle.

Cuando he terminado de escribir el libro también me recordó el juego del "Pinball", donde lanzas una bola en un campo, pero no sabes contra qué va a rebotar ni qué puntaje sacarás, y a pesar de que muchos de los movimientos no los puedes predecir, no puedes perder la concentración porque en cualquier momento tendrías la oportunidad de ser un agente activo en el desencadenamiento de una serie de movimientos aparentemente sin control. Si tiene esa sensación cuando pasa de un título a otro, ya lo sabe, está hecho a propósito.

Esta figura es interesante porque de alguna forma al interior de la TBE y del "sistema de problemas" de las personas, parte de la pericia y el talento del terapeuta reside en estar atento para dar el golpe estratégico en el momento oportuno y provocar una serie de reacciones en cadena que lleven a la solución del problema. Por supuesto ese "momento" puede crearse deliberadamente y la espera no es un proceso pasivo.

El terapeuta crea las condiciones para que ese momento se genere y además se le pueda dar todo el crédito al consultante.

El libro es una invitación a abrirse, a confiar en los propios recursos y a permitirse ir más allá de nuestros modelos tradicionales de pensamiento.

Paradójicamente, para poder entender la lógica "no ordinaria" como la llama Nardone, se debe recurrir a la lógica ordinaria. Esto crea a mi entender un obstáculo a la hora de ver la prestaciones de la TBE, ya que no es lo mismo, por ejemplo, entender cuál es la lógica sistémica y otra muy diferente puede ser pensar sistémicamente y aún mucho más difícil, actuar sistémicamente.

Debo señalar por "justicia" científica que la Terapia Breve Estratégica Evolucionada de Giorgio Nardone constituye el paradigma actual más avanzado y preciso que se pueda encontrar en relación con estas ideas. No estoy de acuerdo con muchas de las ideas y procedimientos de Nardone y su equipo, pero reconozco que pocos equipos científicos en el mundo hayan podido hacer un trabajo tan sistemático y elaborado como el desarrollado en Italia por el Centro de Terapia Estratégica de Arezzo.

No comparto cuestiones para mí importantes en la concepción epistemológica de Nardone, ni tampoco en sus procedimientos, lo que no significa, consecuente con lo que mencionaré más adelante, que esas ideas y técnicas no las utilice para ayudar a las personas que llegan a consulta.

Por ejemplo, Nardone sostiene que uno de los pilares que fundamentan su versión evolucionada de la TBE es haber superado la idea original del grupo de Palo Alto según la cual cuando se introduce un pequeño cambio en el sistema, éste se reestructurará en su totalidad, sin que haya que hacer nada más que provocar el cambio estratégico necesario para que dicho sistema se transforme.

Según Nardone, no es siempre cierto que al desbloquear el sistema del problema, éste se reestructurará automáticamente hacia un ciclo positivo.

Bajo la idea de que problemas que han sido muy persistentes en el tiempo intentarán que el sistema vuelva a su homeóstasis disfuncional anterior, una intervención focal no conseguirá que el sistema se dirija hacia ese cambio con el sistema desbloqueado. Lo que ha mostrado tanto un modelo como el otro es que es tan cierta una cosa como la otra.

Si bien existen problemas que siendo muy agudos se pueden reestructurar con un simple cambio (por supuesto un cambio tipo 2)[6] existen otros que requieren un seguimiento más permanente, sin que ninguna de las dos posibilidades se aleje de lo que podríamos llamar una intervención estratégica breve.

Esta evidencia pondría en entredicho parte del adjetivo de "evolucionada" de la TBE de Nardone. Parte de las dificultades de las personas para valorar las ventajas de la TBE se debe a que de manera casi automática intentan extrapolar sus principios y técnicas

---

[6] Según el grupo de Palo Alto existen dos tipos de Cambio. El Cambio tipo 1 y el tipo 2. El Cambio tipo 1 es aquel que se produce dentro de los límites del funcionamiento de un determinado sistema. Si estoy jugando un partido de fútbol, los cambios tipo 1 se refieren a las diferentes posiciones, maniobras, cabriolas y estrategias que utilizo para conseguir el objetivo de meter más goles que mi rival y finalmente ganar el partido. El Cambio tipo 2 es una mirada "meta" cambio. Es una revisión de cómo cambia el cambio, o para ser más explícitos cómo se han establecido ciertas interacciones para que a pesar de los cambios (de tipo1) el panorama del sistema siga siendo igual. Siguiendo nuestro ejemplo, un cambio de tipo 2 significaría, por ejemplo dejar de jugar, salirse del partido, o establecer de manera estratégica unas normas diferentes de movimiento que llevaran a que lo que se esté jugando ya no sea fútbol sino otro tipo de juego. Para ampliar esta diferenciación puede revisar el libro CAMBIO de Watzlawick, Weakland y Fish.

a lo que ya sabían de otros modelos terapéuticos o epistemológicos. Desafortunadamente la TBE la enseñan a través de métodos tradicionales y obsoletos de pedagogía que a mi entender retrasan la posibilidad de captar las posibilidades de esta "terra nova".

Hay que reconocer que utilizar métodos tradicionales para su enseñanza puede hacer que los alumnos no se resistan demasiado porque se les presentan conceptos nuevos en formas viejas.

Confío que este pequeño libro-manual se convierta en un gran ayudante en su práctica profesional.

PREPARANDO "MI" TERRENO

...como ya te he dicho,
la razón paradójica tiene sus usos,
siempre que nos andemos con cuidado.
[...]la teoría implica crear mapas o cartografías
de esferas superiores y trascendentales,
para ayuda de quienes todavía no las han visto,
y también para fines de conocimiento general.
Ken Wilber[7]

Algunas precisiones terminológicas y algunas luchas posiblemente tontas

Desde que leí las teorías de los antipsiquiatras Laing y Cooper, y las complementé con ideas de la psicología humanista, de la epistemología de lo que se ha venido a llamar el paradigma emergente, tengo una pelea personal con los sistemas de diagnóstico del modelo biomédico plasmados principalmente en el DSM 5 y el CIE 10 (es posible que cuando lea esto hayan nuevas actualizaciones). Creo que los nombres y las definiciones "cosifican" las experiencias y las personas y por tanto son limitantes a la hora de apreciarlos en un contexto perceptivo más amplio. Por ello siento una especial aversión cuando me dicen que debo atender a un "obsesivo-compulsivo", o a un "fóbico", o a un "maníaco-depresivo" (o "bipolar"). En mi particular construcción del constructivismo nadie es ni puede ser "obsesivo-compulsivo". Esto es sólo un nombre nacido de una forma de ver el mundo de un sector de la población científica, pero nadie tiene una "cosa" dentro de sí que sea un trastorno obsesivo-compulsivo. ***Creo que si el terapeuta tiene la percepción limitada, esto puede reducir su talento a la hora de intervenir con eficacia sobre las problemáticas.*** Alcanzo a concertar que las personas *"tienen"* comportamientos que por una estrategia de

---

[7] Wilber y Otros. El Paradigma Holográfico. Ed. Kairós. 1987

ahorrarse explicaciones semánticas las podamos llamar obsesiones y compulsiones, pero no *"son"* obsesivo compulsivos. Es un asunto de intensidad. ¿Quién de ustedes no tiene un ritual porque con él controla o siente un pequeño placer? Todos los tenemos. ¿Cuantas personas con obsesiones y compulsiones aún por encima de la media estadística, nunca pisan nuestros consultorios y no son dañinos ni para ellos ni para quienes les rodean? Miles. Posiblemente sea una lucha tonta por parte mía, pero no encuentro coherencia entre los fundamentos del constructivismo y el humanismo propio de una concepción más holística de las personas con la nosología psiquiátrica.[8]

Acepto y uso que si en un momento determinado, por las circunstancias que se plantean en la terapia o en la formación de los terapeutas es útil llamar a las personas de esta forma, se haga, dentro de un plan táctico para conseguir ciertos fines enmarcados en los objetivos de la formación o del consultante, pero me parece hasta humillante para la TBE y el desarrollo de la psicoterapia, seguir arrodillados ante el modelo biomédico que ha demostrado suficientemente sus carencias y su necesidad de ser superado. El inconveniente con este tipo de "ahorro de explicaciones semánticas" es que puede suceder, como en la técnica del "como si", que de tanto hacer concesiones en este sentido se termine pensando que efectivamente la persona *tiene o es* X ó Y. Hace muchos años empecé a escribir un Manual de Psicopatología que no utilizara terminología médica limitante. Lo que tenía avanzado se perdió en un ataque viral informático y luego no he sacado el tiempo para re-empezarlo. Si alguien quiere hacerlo, le regalo la idea.

---

[8] En esta revisión que hago en 2014, acaba de salir, de manera tardía, un importante artículo en la revista INFOCOP del Consejo General de Psicólogos de España, denominado "Más allá de las clasificaciones diagnósticas", donde se hace un cuestionamiento de hasta dónde la Psicología debe seguir estos parámetros biomédicos. Tampoco es un secreto que la mayor parte de las facultades españolas de Psicología se han quedado ancladas en el modelo conductual-cognitivo. Sin embargo, este cuestionamiento no escapa a lo que sucede en otros lugares del mundo.

Otra pequeña lucha, consecuente con la anterior es cómo nos referimos a las personas que llegan a nuestra consulta. Creo que ya han deducido que el término paciente no es mi favorito. El de cliente tampoco, aunque es más pasable, pero me quedo con consultante. Es importante señalar aquí la diferencia que hicieron en su momento los investigadores de Palo Alto, al diferenciar al "Paciente Identificado", con el cliente real, en aquellos casos en que son quienes están alrededor de la persona con la "problemática" los más interesados en el cambio y por tanto los "verdaderos" clientes. No sobra decir que los modelos estratégicos recomiendan trabajar con quienes están más interesados en realizar los cambios. Ahorras tiempo, dinero, esfuerzo y probablemente tienes mayores probabilidades de conseguir resultados positivos.

Abogo por un lenguaje alejado del modelo biomédico y por la implantación paulatina de lenguajes más descriptivos y generativos para las personas que consultan y sus procesos. Probablemente para estar evitando la tediosa traducción cuando utilizamos un lenguaje descriptivo, sea necesario hacer concesiones a la hora de hablar de las situaciones (no lo casos) que se nos presentan.

- ¿Qué situación estás tratando ahora?
- Bueno, estoy tratando a una persona que se ve obligada a repetir incesantemente el mismo ritual de limpieza para sentir que tiene el control o que no lo va a perder.
- ¿Quéééé? ¿Un obsesivo compulsivo?
- Sí, bueno, un obsesivo-compulsivo.

Éste es para mí un triste pago que hay que hacer para no entrar en luchas que posiblemente muchas personas ni entienden. Es posible que yo sea un "viejo rockero".

Eficiencia y Eficacia

La terapia breve estratégica precisamente por su adjetivo "breve" está determinada por su eficacia. Si se quiere ser breve se debe optimizar el tiempo al segundo. En el ámbito de las organizaciones se conoce la diferencia entre eficiencia y eficacia y creo importante recordarlo aquí "brevemente". Eficiencia está relacionada con el desempeño y eficacia está relacionada con los resultados. Es sabido por muchos de nosotros que en ocasiones frecuentes se puede ser muy eficiente y muy poco efectivo. Que en otras ocasiones se es efectivo sin ser eficiente y que en muchas otras, ni lo uno, ni lo otro. Las terapias tradicionales suelen ser muy eficientes pero su eficacia no es medida suficientemente. Nosotros lo sabemos en nuestros consultorios donde estudiamos, pensamos e investigamos sobre un caso (somos eficientes) pero los resultados de la terapia pueden ser escasos o nulos. Seguramente también nos ha sucedido que algunos consultantes nos reportan que algo que dijimos en una sesión anterior (que probablemente ni nos acordemos) fue como una luz reveladora que le hizo caer en cuenta de dónde radicaba el problema. Fuimos eficaces sin ser necesariamente eficientes.[9]

Muchas personas no vuelven a la consulta y nos dejan la sensación de que no volverán porque en un tiempo muy breve encontraron una respuesta suficiente a lo que venían buscando, aunque nuestros objetivos terapéuticos fueran más allá de ese logro. Así que, si bien lo ideal para una práctica profesional de la TBE es hacer un adecuado seguimiento de los modelos y los protocolos (ser eficiente), el gran determinante es conseguir los resultados esperados por el consultante.

Debo hacer constar aquí que considero los modelos de la TBE como un avance trascendental de la humanidad y a los tiempos que ésta vive en la actualidad. Considero que tanto la Psicología como la Psicoterapia, como las demás disciplinas que están al servicio de los seres humanos y de su relación consigo mismo y con sus semejantes, están aún en proceso de creación y es más lo que está por hacer que lo que está hecho; sin embargo valoro profundamente los avances que el grupo de Nardone ha hecho a los modelos vigentes hasta ahora de la TBE, como cualquier intento o investigación que lleve a

---

[9] Como es posible que algunas personas objeten los significados de efectivo, eficiente y eficaz, los remitimos al Diccionario de la Real Academia de la Lengua Española, según la cual efectivo es sinónimo de eficaz y está referido a la eficacia y tiene un significado relacionado pero no igual con la eficiencia.

que éstos sigan evolucionando hacia formas más breves y efectivas.[10]

¿Puede la tbe ayudar a solucionar una enfermedad física?

Aunque la pregunta parece bastante lógica, y es común desde el pensamiento tradicional, desde el punto de vista sistémico, todas las enfermedades padecidas por las personas tienen componentes de todas las dimensiones que integran un ser humano, ya sea desde el punto de vista de ayudar a la creación de la enfermedad o ya sea en el mantenimiento de la misma. No pretendo, de ninguna manera, decir con esto que la TBE vaya a reemplazar a las ciencias médicas, pero sí sabemos los que hemos tenido personas diagnosticadas de afecciones "físicas" que el componente psicológico es muy evidente. Es más, los médicos han de reconocer que un importante porcentaje de sus pacientes deberían asistir más a un psicólogo que a ellos mismos. Por tanto la respuesta a la pregunta es **SÍ**. No sólo por ocuparse de la dimensión psicológica-relacional de las personas sino también porque desde el punto de vista conceptual la TBE en muchas de sus técnicas utiliza el principio de "simila simila

---

[10] Debo mencionar un par de ideas acerca del "nuevo" mundo del Coaching. Ya en 1985 tenía un profesor que decía que los consultorios se parecerían más a gimnasios y que los psicólogos serían algo así como coachs. No dejo de pensar que la abundancia de Coachs por un lado es una usurpación del papel del psicólogo, pero por otro es la muestra de que la Psicología había dejado de dar respuestas efectivas a los problemas humanos y éstos estaban ávidos de respuestas más rápidas y prácticas. Por otro lado, eso de que la "Psicología" no daba respuestas rápidas se refiere a lo que llamaríamos las vertientes tradicionales, ya que la TBE y otros modelos como la PNL llevan más de 40 años ofreciendo otro tipo de enfoque de los problemas. Así que ese argumento del mundo del Coaching de que ellos se encargan de producir resultados específicos a partir de objetivos bien definidos, no puede parecerme más que desconocimiento de que ya algunas vertientes del mundo de la psicoterapia ya estaba trabajando en ello. Habría que hacer por supuesto muchas distinciones. Si el objetivo que quiero conseguir es un tema interno o relacional, pero quiero respuestas rápidas, preferiría que además de Coach, el profesional fuera psicólogo. Pero si lo que espero es ser más productivo en mi oficina, a lo mejor un Coach, que además es administrador de empresas o que tenga una trayectoria en dirección de equipos efectivos, es una mejor opción que un psicólogo que no ha dirigido a nadie en su vida.

curantur"[11]; principio utilizado en muchos de los tratamientos de las medicina alópata sino también en la homeopatía, en la medicina tradicional china y oriental en general sin dejar de mencionar a la medicina ayurveda.

Esto plantea una línea de investigación muy interesante que hasta el momento autores como Nardone o el mismo Watzlawick sólo han tocado de pasada o como referencia bibliográfica.

¿Es posible pensar en una síntesis terapéutica que nos lleve a buscar mecanismos efectivos de cambio que no sólo conjugue las prestidigitaciones cognitivas para desbloquear el sistema reactivo-perceptivo, sino a utilizar otro tipo de ayudas venidas de distintas corrientes de pensamiento y de actuación?

Está claro que para los puristas este tipo de sugerencias empiezan a desvirtuar los modelos, pero quien necesite a los puristas que recurra a ellos. Por encima del purismo, parte de lo que ha caracterizado mi practica profesional es buscar todo aquello que utilizado estratégicamente ayude a la personas a encontrar las soluciones que estaba buscando sin que en su ensayo o aplicación se vean comprometida su integridad física, social, psicológica o espiritual.

El debate ha sido más que superado en muchos ámbitos científicos, sin embargo los sistemas de salud occidentales aún siguen teniendo una visión monádica y sintomatológica que impide que las personas puedan ser atendidas desde modelos más integrales. Problemas como alergias, asmas, dolores recurrentes o crónicos de cabeza, de estómago o de otras partes del cuerpo, entre otros tienen componentes psicológicos y relacionales tan fuertes que en ocasiones parece increíble que los médicos no vean su conexión más allá de la consecuencia en el estado de salud somática. Desafortunadamente creo que tendremos que lidiar con esta falta de visión por mucho tiempo. Un libro que ha causado mucho debate, "LA ENFERMEDAD COMO CAMINO" de Thorwald Dethlefsen Y Rüdiger Dahlke, muestra esta posibilidad de forma bastante didáctica.

---

[11] Lo similar se cura con lo similar o un clavo saca otro clavo.

Breve... ¿hasta cuántas sesiones?

¿Hasta dónde se puede llegar a ser breve?

¿Hasta una sesión?[12]

Según Bandler y Grinder de la PNL, se pueden hacer reestructuraciones profundas en una sola sesión. No sabemos si lo podremos llamar terapia propiamente dicha pero recomiendo estar con las mentes bien abiertas. ¿Podremos construir programas interactivos que reemplacen la presencia física del terapeuta, como las terapias "on line"?. A pesar de sus detractores, creo que no debemos descartar esa posibilidad. Steve de Shazer ya lo intentaba hacia finales de los 80 con un programa "inteligente" que a partir de las entradas (inputs) que le dieras al programa te generaba un árbol de decisiones posibles y de orientaciones de la terapia. Creo que no debería ser un área para despreciar. Pensemos en realidades virtuales. Pensemos en robots que puedan hacer lo que los terapeutas hacemos. ¿Y la relación? ¿Y la calidez? Y el contacto "face to face". Seguramente encontraremos la manera de resolver estas inquietudes así como la TBE encontró sus caminos para que la comunidad científica no los viera como simplistas improvisadores de soluciones intermedias pero poco serias. Supongamos que se conecta a un sistema de realidad virtual, donde éste no está limitado en su programación a un determinado número de respuestas, sino que genera múltiples combinaciones a partir de los datos que la persona comenta en ese espacio virtual.
Ya sabemos que para el cerebro no hay diferencia entre fantasía y realidad, así que para la persona que se conecta, puede asistir a un consultorio que "siente" como real, donde puede interactuar con un profesional que no tiene las "limitaciones" de la duda ante lo que debe ser más conveniente responder, decir, sugerir ante la problemática planteada.

¿Seremos reemplazables los terapeutas? Por supuesto que sí. Más tarde o más temprano. Seguramente pasaremos de atender a personas

---

[12] ¡Qué horror! ¡¿A dónde vamos a parar?! Nos quedaremos sin clientes.

reales a ser los especialistas asesores de programadores informáticos que sacan paquetes "estándar" de soluciones a problemas humanos.

¿Acaso no sabe que hay ya software que son entrenadores personales para ejercicios, alimentación y formación en competencias personales para la empresa?

¿Cuánto cree que tardará? Es posible que cuando usted lea esto ya suene a algo que es una realidad.

¿Con quien cree que querrán interactuar lo hijos de las máquinas, de los ordenadores, de las nintendos, de las psp y todo tipo de consolas de entretenimiento?[13]
¿Con personas reales, o con máquinas que serán para ellos más "familiares" que los mismos humanos? Creo que es una hora oportuna de ir pensando en otras vías.

Mientras lo hacemos la TBE me parece un avance básico para que las personas, en la generación de las carreras y el estrés y el "no hay tiempo", puedan encontrar respuestas efectivas y continuar con sus vidas con la menor dependencia posible de las instituciones y los profesionales de la salud.

La tbe le hace el juego al estilo de vida occidental

Debo comentar una triste paradoja en la que incurren todas las ciencias de la salud, incluyendo por supuesto la psicología y la

---

[13] Llamo aquí a los "hijos de las máquinas" a las generaciones nacidas después de los 80, cuando los "ATARI" y los primeros video juegos empezaron a convivir en los hogares, a compartir la educación y los valores de los padres y de la sociedad. Creo que especial atención merece la nueva realidad virtual llamada "Second Life". En esta revisión de 2014 "Second Life" está prácticamente muerto, aunque algunas otras tecnologías estén intentando reemplazarla y conseguir la promesa que en su momento hizo SL. Esto no invalida mis palabras acerca de las posibilidades de la tecnología en el camino del reemplazo de los terapeutas. Las realidades "virtuales" y "aumentadas" son un hecho y lo único que podemos esperar es que cada vez se sofistiquen más.

psicoterapia. Desde el punto de vista macro social, las ciencias de la salud están al servicio de los medios de producción que necesitan mano de obra sana que permitan mantener sus índices de competitividad. La TBE no se escapa a la paradoja de ser un instrumento del orden económico y social establecido para la recuperación de las personas de sus "dolencias" físicas o psicológicas para mantenerlos dentro del sistema productivo.[14] Pero es justamente este estilo de vida y estos sistemas los que provocan muchos de los problemas que las personas quieren curar. Para decirlo de una manera más directa: Las psicoterapias "curan" a las personas para enviarlas de nuevo al medio que las enferma. Toda esta danza envuelta por una embriagadora elegancia de cientificismo. Recientemente en una conferencia sobre terapia breve, el expositor decía que las personas no vienen a los consultorios a buscar verdades sino a solucionar sus problemas. Si necesitan buscar "verdades", deben ir a un filósofo. Ha sonado muy bien en el contexto en que era preguntado, pero ha incurrido en una serie de imprecisiones en una frase muy corta. Aunque las personas busquen verdades últimas explicativas, ni el psicólogo, ni el filósofo podrán dárselas.

La TBE debería ser una herramienta de primera mano de los sistemas productivos porque como muy pocas otras, recupera rápidamente a los trabajadores para que se incorporen a sus actividades. Si además es efectiva, debe conseguir que el consultante no necesite el psicólogo en mucho tiempo.

En contra de esta línea de pensamiento de la función política de la psicología y la psicoterapia está el hecho de que estamos resolviendo una problemática concreta que la persona está padeciendo y por tanto cumplimos profesionalmente con nuestro trabajo, aunque no dejamos suficientemente claro para quién estamos trabajando verdaderamente. La anorexia, la bulimia, los trastornos alimentarios, ¿no son consecuencia de un estilo de vida vendido por las grandes multinacionales de moda, ropa y salud, a través de los medios de comunicación y los estereotipos de belleza?

---

[14] Pido disculpas por la utilización de este lenguaje que algunos puede parecerle rancio y anticuado, pero que fue el que me pareció más adecuado en este momento, para ejemplificar lo que quiero decir.

Si la TBE tiene en sus mangas "aces" tan decisivos para hacer cambios tan espectaculares como los que se comentan en su literatura y como los que mis consultantes han podido lograr, aún falta estudiar de qué manera puede contribuir a un cambio efectivo global, que le de mejores y mayores esperanzas de vida a las generaciones futuras. Por supuesto no se trata de proponer una nueva teoría mesiánica que salve al mundo de quién sabe qué, pero creo que una técnica que promete cambios tan efectivos en tan poco tiempo podría ser más crítica y propositiva ante la realidad social que nos ha tocado vivir. Creo que no podemos ser sólo "reparadores" sin saber quiénes se están lucrando de nuestra eficacia terapéutica.

No puedo dejar de notar que algunas personas pensaran que éstas son ideas subversivas, y tienen razón, pero no creo tener la suficiente fuerza moral para hacer que éstos se transformen en acciones concretas y pacíficas de cambio. Lo comento porque me doy cuenta de esta utilización de las ciencias por parte de los grandes grupos económicos y espero que alguien que lea esto sí encuentre la manera de hacer algo más global.

A nivel individual creo que sí podemos tener un mayor nivel de consciencia para trabajar por el bienestar de las personas permitiéndoles a través de nuestro trabajo y nuestras reestructuraciones que vean más allá de sus narices. Con una rápida mirada podría parecer incoherente que la TBE que tiene una base sistémica y holística se desconecte del bienestar de la humanidad en general y no se pronuncie acerca de lo que puede aportar por el mejoramiento global de la convivencia.

Aún así, vuelvo a reiterar que la TBE es una de las mejores evoluciones de la terapéutica fundamental para el desarrollo de las personas. La falta de eficacia de las psicologías y las psicoterapias tradicionales es tan evidente y patética que requieren una revisión estructural. Como es de suponer tuve muchas alternativas para el título de este libro, pero finalmente me quedé con "Te ordeno ser libre" con el ánimo de que de alguna manera éste tema de la libertad y las intenciones ulteriores de los grandes centros de producción y consumo fuera puesto por lo menos bajo sospecha.

¡Te ordeno ser libre!

¿Es posible enamorarse de quien te ha raptado, sacándote de tu ambiente de seguridad física y emocional, del lado de tu familia, tus amigos, costumbres y estilo de vida?

La lógica tradicional diría que no. Las evidencias de cientos de casos dirían que sí. Lo que los especialistas han venido a llamar "síndrome de Estocolmo" sugiere que personas secuestradas pueden desarrollar sentimientos de afecto, cercanía y ayuda hacia quienes les han quitado su libertad. Casos documentados muestras cómo incluso ayudan a sus captores a escapar de la policía o se niegan a declarar en los juicios en su contra. ¿Cómo es esto posible?

La mejor respuesta que tengo por el momento aparece en otro de mis libros y que parodiando la célebre frase del escritor checo Milan Kundera, "La insoportable levedad del ser", la he llamado "la insoportable impredictibilidad del ser". Ya sé que es una expresión menos elegante, pero viene a significar un hecho que las grandes tradiciones espirituales y apócrifas han señalado por diferentes vías y es que el ser humano puede salir con cualquier cosa, en cualquier momento, con una razón aparente o no, por razones lógicas o no, buscando un objetivo particular o no.[15]

Aunque esta idea es un intento de explicación de lo inexplicable, tiene una fuerza práctica tremenda de cara al trabajo terapéutico y a la formación del terapeuta. Si realmente hiciéramos nuestra esta idea, dejaríamos de sorprendernos con lo que es capaz de salir una persona en determinadas situaciones. Desde el punto de vista profesional, esta idea puede servir para desmontar todos los supuestos de normalidad y de lo "esperable" en el comportamiento humano. El ser humano en su impredictibilidad, siempre encontrará un resquicio para sorprendernos, un pequeño hueco por donde podrá escapar de nuestras presunciones y nuestras predicciones. Estar abiertos a cualquier posibilidad puede significar la diferencia entre ayudar a una persona o hacer parte del sistema que mantiene y refuerza su problema. Aunque las "salidas" inesperadas o

---

[15] Montoya, Sergio. "11 ideas útiles para estar mejor". Edit. CLASE. 2005

paradójicas algunas, pueden considerarse excepcionales, son más comunes de lo que el sentido común sugiere.

La TBE ha sido, es y será alimentada por esas soluciones rápidas y efectivas que el ser humano puede encontrar de manera ocasional, planeada, repentina o siguiendo complejos procedimientos lógicos que nada tienen que ver con la lógica tradicional.

¿Puedes ordenar a alguien a ser libre? Depende del lado de la frase en la que te encuentres. Si eres quien emite tal orden significa que te has metido en una espiral insostenible desde el punto de vista lógico que reproduce la paradoja de "todos los cretenses son mentirosos". Si la persona obedece significa que no es libre, pero si no lo hace significa que seguirá atada, esclavizada, dependiente, subyugada en la situación de la que se supone que tal orden quiere rescatarla. Si eres la persona que recibe la orden, y obedeces estarás ratificando que tu libertad no depende de tu propio permiso personal sino de un segundo, con lo cual estás admitiendo tu condición de dependiente o esclavo. Si no la obedeces significa que seguirás metida en dicha situación. La frase es aún más extraña si tenemos en cuenta los supuestos filosóficos y existenciales que el concepto de libertad puede activar.

En el contexto etológico es menos problemático ya que el asunto se reduce a conductas simples. Ser libre significa no estar atado, en una jaula, o en cualquier otra estructura diseñada para el fin de confinar al animal.

El ser humano, con su capacidad imaginativa y constructora de realidades sugiere un nivel de análisis y complejidad bastante altos.

La vieja historia de los domadores de elefantes que al ser preguntados sobre cómo es posible que un animal de varias toneladas de peso no sea capaz de liberarse de una simple cadena, responden que son atados a ésta desde que son muy pequeños (cuando efectivamente no son capaces de liberarse) y después de miles de ensayos el elefante deja de intentarlo y "entiende" que mientras esa "cosa" este pegada a su cuerpo no podrá moverse a donde quiera.

1. EL PROCESO

"Cuanto más compleja sea la forma de vida,
mayor será la cantidad y variedad de las distinciones
que podrá trazar. Cuánto más complejos sean
el aparato sensorial y el sistema nervioso,
más sutiles y variadas serán las distinciones
que esa forma de vida sabrá establecer"
Spencer-Brown[16]

Algunos conceptos básicos

Es importante, tanto para el terapeuta experimentado como para quien recién se acerca a la TBE entender que ésta no se rige por los lineamientos de la forma de pensar tradicional. A pesar de que los principios sistémicos subyacen como parte protagonista de su fundamentación epistemológica, se aleja de la Terapia Familiar Sistémica, aunque podría llamarse perfectamente así. Para comprender la filosofía subyacente en la TBE y muchas de sus formas de actuación hay que acercarse a ésta con una mente abierta, sin prejuicios y tratando de evitar la equiparación con los modelos tradicionales. Este último, por lo general resulta un ejercicio estéril que se puede abreviar o salvar si simplemente asumimos que lo que dice la TBE tiene un cuerpo teórico-práctico diferente. Si los profesionales de la psicología empiezan a decir "ahhhh, esto es lo mismo que....", "esto lo dice la X teoría pero de otra forma", seguramente se sentirán finalmente decepcionados porque no están descubriendo lo que hay de nuevo y espectacular en la TBE sino que están haciendo una acomodación forzada de sus conceptos prefijados a modelos que posiblemente, aunque se puedan relacionar, pertenecen a árboles diferentes. Es como tratar de equiparar un círculo dentro de un cuadrado, esperando que al final el círculo se parezca al cuadrado.

---

[16] En Guía Breve de Terapia Breve. Brian Cade y William Hudson O'Hanlon. Paidós. 1995. Pág. 38.

Consideraciones conceptuales acerca del problema y las soluciones

1. "Un problema es un problema cuando para uno es un problema".

Este sencillo juego de palabras rompe de forma contundente con la manera tradicional de entender los problemas. Así como el pensamiento positivista cree que la realidad existe "allá afuera" sin la intermediación del observador, y por tanto intenta forzar a la ciencia para que descubra esa realidad exterior, la psicología tradicional piensa que los problemas existen de por sí y son problemas para todos, porque son ajenos a todos los perceptores. El constructivismo ha dado respuestas importantes a este respecto, ayudado indudablemente por la mecánica cuántica, anunciando que no existe una realidad exterior que no sea construida, destruida y reconstruida por el observador. No existen objetos "afuera" que puedan ser descubiertos. No existe objetividad. A lo máximo que podemos aspirar es a una intersubjetividad concertada que nos permita interactuar de manera más o menos civilizada.[17]

No hay por tanto un problema que sea evaluado de igual forma por dos personas. Cada problema tiene una caracterización y una significación siempre particular y por tanto siempre subjetiva. De allí el riesgo y la inadecuación de la psicopatología y de las nominalizaciones que pretenden cosificar, objetivar los trastornos.

Aún cuando dos personas "se ponen de acuerdo" en identificar una serie de comportamientos como el problema "X", la significación, y por tanto el posicionamiento y la relación con éste son diferentes.

Entender esta simple evidencia es fundamental a la hora de enfocar una terapia de forma estratégica. Este sólo hecho debería sugerir que antes de formarse un "pre-juicio", deberíamos preguntarnos, qué, donde, en qué situaciones, para qué personas, a qué horas, bajo qué circunstancias el problema que nos exponen es un problema. Si

---

[17] Estudiar el "Principio de Incertidumbre" o de "Indeterminación" de Heinsenberg

logras responder esta batería de preguntas, tendrás una visión más clara de cómo es que las soluciones que la personas están intentando no funcionan.

He encontrado que para muchas personas en terapia, explicarles esto es suficiente para hacer una reestructuración a su visión de la situación. Suele suceder cuando una persona consulta por el supuesto "problema" de otro y luego de ver que el otro no percibe las cosas así y que es incluso relativamente "feliz" y "funcional" a pesar de su "problema", es la persona que consulta quien verdaderamente está "problematizando" la situación o quien está viendo un problema. Algunas personas se quedan para apuntalar y asimilar esta idea a través de varias sesiones, otras personas entienden que deben "dejar ser" al otro y se quitan la suficiente tensión de encima como para no volver a las sesión siguiente.

Desde un punto de vista hipotético, casi intuitivo, los psicólogos sabemos que son muchísimas más las personas que no llegan a nuestros consultorios que los que llegan. Esto, para mí, quiere decir que aunque hay un montón de "compulsivos", anoréxicos", "bulímicos", fuera de nuestras consultas ellos se las arreglan para seguir viviendo sin necesitar de nosotros.

No sobra decir que una buena parte de la Psicología es la que se ha encargado de "problematizar" a la sociedad. Un buen ejemplo de esto es la idea que se difundió a principios de los ochenta según la cual castigar a los niños físicamente los iba a traumatizar irremediablemente para toda la vida y por tanto el castigo físico se proscribió tachado de la mayor muestra de salvajismo paterno. Desprovistos de la única arma con algún grado de eficacia, los padres han pasado a una cultura permisiva que posiblemente no va a traumatizar a los hijos, pero que ya tiene traumatizados a los padres. No estoy sugiriendo volver a los castigos físicos, pero los que somos padres sabemos que una muestra de poder en el momento justo puede ser la diferencia entre un hijo formado con cierto criterio para tomar decisiones y los pueden ir por la vida buscando relaciones inadecuadas porque tuvo una figura de autoridad débil.

Cuando las personas perciben algo como un problema ponen en marcha una serie de mecanismos dictados por su particular forma de ver el mundo para intentar resolverlo. Así como es imposible no comunicar, también es imposible no hacer "nada" ante lo que percibo como un problema. Aún el quedarme quieto esperando que el problema se resuelva solo es un intento de solución.

En el libro CAMBIO de Watzlawick y compañía puede encontrar un interesante juego al respecto cuando las personas denominan problema a algo que es una simple dificultad o al contrario cuando desconocen un problema minimizando los efectos dañinos que su comportamiento está causando en sí mismo y en el entorno. Confrontada con la idea anterior se puede deducir claramente que es el perceptor quién le da una significación especial a lo que hace o le sucede. Descubrir los detalles de esta significación es la labor del terapeuta breve en la primera parte de la primera sesión. Recomiendo aquí un principio de comunicación efectiva que he expuesto en otra parte "es mejor pecar por especificar, que pecar por generalizar".

Referido a la labor de concreción del problema, es mejor pecar por la búsqueda de una concreción exhaustiva, que pecar por intentar intervenir en lo que yo creo que es el problema y no en lo que el consultante cree que es su problema.

Nardone en su denominada evolución de la TBE ha desarrollado una propuesta metodológica a este respecto basada en la técnica de la ilusión de alternativas para llegar más rápidamente a una identificación del problema, incidiendo de una vez en la posible solución del mismo.[18]

---

[18] Nardone, Giorgio y Alessandro Salvini. El diálogo estratégico. Edit. RBA Integral. 2006.

2. Por extraño que pueda parecer, si lo que yo estoy haciendo o hacen otros para solucionar el problema no lo está resolviendo, lo que estoy haciendo está manteniendo y/o reforzando el problema.

Este es uno de los ejes centrales, y tal vez una de las mayores innovaciones del grupo de Palo Alto, al señalar lo que en otros contextos filosóficos y espirituales ya se sabía y es que unas soluciones inadecuadas se convierten en el verdadero problema a solucionar. También en este caso, cuando ha sido pertinente (estratégico) explicarlo, muchas personas reestructuran su punto de vista y lo que era un problema deja de serlo sólo con dejar de aplicar las soluciones inadecuadas.

Un primer intento de explicación de por qué o para qué las personas insisten en un intento de solución ineficaz, es su sistema de pensamiento lineal, según el cual y por dictados del sentido común, si aplico una solución y no funciona es porque el problema es más grande de lo que yo pensaba y por tanto debo incrementar el volumen de la misma solución ineficaz hasta que por arte de magia las cosas mejoren. Como las cosas no mejoran, ni se solucionan las personas quedan atrapadas, ya que creían estar haciendo lo humanamente posible y lo que el sentido común dicta para tales ocasiones.[19]

No debe perderse de vista que esto en un momento puntual puede ser así. Si alguien tiene fiebre y se toma una medicina para rebajarla y no sucede es posible que incrementando la dosis el problema se resuelva, pero si se exagera podemos ocasionar mayores complicaciones. Desafortunadamente las cosas no funcionan con la misma lógica cuando se trata de problemas humanos de índole psico-social. Aún así señalamos que en ocasiones algunas personas ni siquiera han intentado lo que el sentido común sugeriría y una pequeña indicación puede hacer una gran diferencia. En ciertos momentos el sentido común puede ser muy estratégico. Creer que el sentido común lo resuelve todo es un error estratégico.

---

[19] Para el pensamiento tradicional basado en un hipotético sentido común.

Otra vía explicativa de la persistencia en las soluciones intentadas es que las personas no cuenten, por falta de preparación o algún tipo de déficit de recursos mentales, con otras alternativas para ensayar. En muchas ocasiones, aún en personas muy preparadas, al sugerir a una persona si ha ensayado una solución aparentemente evidente, la persona dice "pues no, mire usted, no se me había ocurrido".

Un principio importante a tener en cuenta en este punto es que debemos ensayar las cosas más simples que no se hayan intentado, antes de aventurarnos en sofisticadas intervenciones.

Una vieja historia, no recuerdo dónde la leí, decía que en una universidad de Estados Unidos había una banca que se había convertido en una especie de monumento en el jardín del campus y los alumnos no se sentaban allí. Nadie sabía exactamente el por qué no se debía uno sentar en aquella silla hasta que un día alguien hizo la indagación adecuada y encontró que hace unos años las personas sí que se sentaban en ella, sólo que una vez, de lo deteriorada que estaba la repararon y la pintaron. Por supuesto colocaron un cartel que decía pintura fresca y por alguna especie de conjura social ese cartel se convirtió en no se siente aquí hasta que el asunto se volvió mítico. Poco importa aquí que sea o no real, lo que queremos hacer notar es que al estar obnubilado por la espectacularidad de las intervenciones de la TBE, podemos sugerir algunas demasiado complicadas cuando algo menos ostentoso hubiera sido no sólo suficiente sino recomendable. Vale decir aquí el viejo aforismo "que el árbol no te impida ver el bosque".

Otra alternativa para entender la persistencia, se pone en evidencia a través de un importante descubrimiento que hicieran Bandler y Grinder creadores de la Programación Neurolinguística (PNL), cuando sugieren que los comportamientos considerados como problemas están cumpliendo una función positiva para la personas y por ello, a pesar de su inadecuación, se persistirá en ello para mantener una especie de homeóstasis "negativa" del sistema interno de la persona o de las relaciones. Esta idea es bastante útil cuando en ocasiones prescribimos la tarea de pedirle al consultante que piense "qué podría suceder si se soluciona el problema".

Como sugiere la TBE de Palo Alto y la de Nardone, el hecho de que la persona logre identificar estos beneficios de mantener su problema, puede llevar a la persona a solucionar el problema. Muchos ejemplos contundentes los ofrece la Terapia Familiar Sistémica cuando señaló que el paciente identificado cumple una función de equilibrio en el grupo, de tal manera que éste se encarga de que la persona siga siendo el paciente identificado, para que la familia no se venga abajo. La mamá necesita que su hijito siga enfermo para ella poder seguir siendo madre "cuidadora". El padre necesita que su madre siga siendo madre porque no quiere que sea esposa; etc., etc.

Otro camino de análisis para la explicación de la persistencia viene del campo de la percepción. El modelo explicativo de la percepción que tenemos hasta ahora, que veo especialmente útil para explicar esto, dice que los seres humanos somos seres perceptores. En neurofisiología nos enseñan además que hay una tercera función que es la asociativa. Somos por tanto "asociadores". Una vez que emitimos o de manera casi espontánea creamos un juicio o nos hacemos una idea de algo, lo siguiente que intentaremos hacer es confirmar y no negar ese juicio o idea. Este es un concepto potentísimo que podría solucionar muchos de nuestros problemas relacionales.

Nuestro sistema sensitivo-perceptivo-asociativo busca autoconfirmarse desconociendo de alguna manera que lo que está haciendo es una construcción propia y puede no tener nada que ver con la realidad. De esta manera si pienso, por un pequeño comportamiento de otra persona, que ésta es malintencionada, trataré de confirmar de algún modo y en algún nivel que esa persona tiene malas intenciones. Hay cientos de experimentos de psicología social que muestran esta situación. La técnica del "como si", que explicaremos más adelante, se potencia por este principio.

Lo que Nardone llama el sistema "perceptivo-reactivo", yo lo llamaría el sistema "asociativo-reactivo", porque de esta manera incluimos el hecho de que detrás de la percepción de la persona hay una construcción particular que provoca que determinada situación sea calificada como problema. O incluso podríamos ir más lejos llamándole sistema "asociativo-proactivo-reactivo", porque incluye todo el ciclo en el que la persona se mete. Se crea una situación, intenta resolverla de manera inadecuada (proactividad), y queda sometida a ese intento de solución inadecuada por el mecanismo de autoconfirmación del sistema. Don Juan el indio Yaqui, personaje central de la obra del antropólogo Carlos Castaneda explica a éste que percibimos de la forma que lo hacemos porque hemos sido enseñados desde que nacemos a hacerlo de esta manera.[20]

Una clara coincidencia con las aportaciones del constructivismo moderno, que los interesados pueden leer en el libro "Soñar la Realidad" de Lynn Segal o en la "Realidad Inventada", una reveladora compilación de Paul Watzlawick.

Más adelante Don Juan le explica a Carlos su discípulo aprendiz de brujo, que realmente percibimos como lo hacemos porque el "punto de encaje" que está a la altura de nuestro omoplato derecho[21] en un campo energético invisible para el ojo no iniciado, y que aunque ha sido fijado en este punto puede ser movido por circunstancias especiales como el dormir, deprivaciones psicoafectivas, experiencias traumáticas, ingestión de drogas, etc. Don Juan explica que para un hombre de conocimiento, como el prefiere llamarse antes que brujo, es fácil cambiar el punto de encaje y por tanto toda la perspectiva asociativa. Es más, quien quiera ser un "hombre de conocimiento" deberá aprender a hacerlo. La labor del maestro es mover el punto de encaje del discípulo tantas veces como sea necesario hasta que éste aprenda a hacerlo por voluntad propia.

Este proceso puede asemejarse a la labor que se debe hacer en TBE para el aprendizaje de lo que Nardone ha llamado "lógica no ordinaria" y constituye también un ejemplo de lo que se pretende en terapia al reestructurar la forma de ver la situación del consultante.

---

[20] Informaciones de los últimos años parecen demostrar que muchas de las situaciones relatadas por Castaneda en sus libros no han sido más que una invención y que ha tomado "prestado" ideas de aquí y de allá, sin que corresponda, como lo sugiere el escritor, a experiencias personales reales. Esta situación no lo descalifica para poder utilizarlo como referencia bibliográfica.

[21] U omóplato, acentuación igualmente aceptada por la Real Academia de la Lengua Española.

Detengámonos un momento en este concepto de sistema "asociativo-proactivo-reactivo". Vamos a las definiciones básicas.

Percepción según la enciclopedia Durvan (Tomo 21, pag. 8920) consiste en el "proceso que da significado a fenómenos sensoriales por una combinación automática del fenómeno en sí con el resultado de anteriores experiencias. Este proceso se sitúa entre las sensaciones y el pensamiento. Las sensaciones son impulsos transmitidos por medio de órganos sensoriales a varios centros cerebrales, donde son registrados en efímeras huellas que se llaman imágenes. Cuando una sensación queda vinculada a una o varias imágenes anteriores, sin que el organismo tenga conciencia del esfuerzo necesario para esta operación, al resultado de este conocimiento se le llama percepción. Por su parte, el pensamiento es un proceso voluntario complejo que se halla relacionado con productos de las percepciones y otros elementos".

El sistema perceptivo-reactivo de Nardone no es más que una versión sofisticada del condicionamiento tradicional, lo que desde el punto de vista teórico más que una evolución, me parece una involución en el proceso conceptual de los problemas humanos. No quiero decir que ese sistema perceptivo-reactivo no exista, sino que la manera en que las personas crean, mantienen y refuerzan sus problemas a través de soluciones inadecuadas o de la enajenación de soluciones efectivas, es mucho más complejo que la siempre percepción y reacción. Pero advirtamos: más complejo, no significa complicado.

La lógica ordinaria de las terapias tradicionales plantean una relación unidireccional equivocada según la cual si algo es complejo necesitará soluciones de avance paulatino, pausado, secuencial y por tanto de larga duración. La TBE propone que es posible que se consigan soluciones rápidas, multisecuenciales y de corta duración, independientemente del nivel de complejidad del problema.

Los seres humanos no somos seres meramente perceptores, somos seres co-constructores a partir de procesos asociativos. Esta condición de co-constructores configura nuestra cualidad proactiva y finalmente actuamos de una manera u otra ante ese mapa que hemos construido en nuestro sistema. Lo que se desbloquea no es el sistema perceptivo-reactivo sino el sistema asociativo-proactivo-reactivo. Aunque un poco más completo que la sugerencia conceptual de Nardone, el sistema asociativo-proactivo-reactivo es aún más complejo que lo que sugieren estas tres palabras.

Posiblemente, en otra parte haya que desarrollar estas ideas un poco más para reconocer que los problemas humanos son multicausales, polifactoriales y multiefectuales y consecuente con esto, el sistema humano que los sostiene, mantiene, provoca o produce es un sistema multidimensional, multireactivo y muy a pesar de los protocolos, impredecible.

La primera sesión

La primera sesión no debe confundirse con la primera intervención. Como sugieren los creadores del modelo de TBE de Palo Alto, en muchas ocasiones la llamada de solicitud de consulta puede ser ya una intervención estratégica. Nardone no explica suficientemente la importancia que él le da a este aspecto. Yo he encontrado útil hacer incluso una pre-sesión inicial donde una persona de asistencia o de recepción capte una información básica que pueda encuadrar incluso la manera como el terapeuta y el consultante se saludarán por primera vez. Esto está aún por estudiarse sistemáticamente, pero adelanto que es posible que logremos en un buen número de casos una remisión del problema sin que lleguemos siquiera a la primera sesión.

Una orientación estratégica de ese primer contacto puede ser suficiente para lograr que la persona cambie su perspectiva sobre el problema o que posteriormente la primera consulta sea más determinante aún en la consecución de una solución efectiva. Por supuesto ante esto los especialistas teóricos de lo que debe ser realmente un proceso terapéutico dirán que es imposible hablar de un proceso terapéutico completo con una sola sesión y coincidimos en que efectivamente esto puede ser así, y que posteriores seguimientos pueden dar cuenta de si efectivamente se consiguió el cambio o no.

También es cierto, y espero que en esto los especialistas no agachen la cabeza, que muchas dificultades que pudieron ser positivamente reorientadas en una primera consulta se convierten en un problema por la apreciación-inducción terapéutica que el psicólogo hace de ese encuentro de la primera sesión.

Una evolución podría ser hacer un análisis preliminar con el co-terapeuta y presentar al terapeuta, que llega luego como un "experto" justamente especializado en su problema.

Estamos hablando de un híbrido entre terapia breve y terapia a través de la actuación. Esto podría abrir un amplio campo a los terapeutas con capacidades más histriónicas que se sienten aburridos en las formas tan formales en que se presentan las consultas.

Debo confesar que esta idea no es ni original ni mía, aunque si he recurrido muchas veces a la actuación para imprimir ciertos tonos dramáticos a alguna de las intervenciones. Estaba en un hospital de un pueblo muy lejano de Medellín, llamado Puerto Berrío (Antioquia-Colombia), donde fui contratado para facilitar unos talleres de "Humanización de los Servicios de Salud" consistentes en decirle a todo el personal, no sólo el asistencial sino al logístico, administrativo, etc., la responsabilidad que tenemos con las personas que se acercan en su papel de pacientes y cómo el trato humanizado con éstos es clave para su salud, los tiempos de remisión de la enfermedad y en general para sentir que se daba un excelente servicio. Puerto Berrío es una zona muy exótica con una vegetación exuberante, donde la población es primordialmente campesina e incluso hay algunas influencias indígenas. Allí me encontré con la anécdota de que entre mis asistentes al taller había un médico brujo.

Cuando indagué sobre el asunto, me contaron que se trataba de un médico alópata, normal y corriente, que aunque no creía en las medicinas alternativas, si usaba el siguiente método. Una de las creencias de la región era el "mal de ojo". Esta creencia milenaria se fundamenta en la posibilidad de que una persona con poderes malignos miré fijamente a otro y por esta acción quede infectada de una serie de males que no es posible diagnosticar, que se pueden ir agravando con el paso del tiempo, y que no tienen solución médica posible, a menos que se encuentre a un brujo sanador que sea capaz de revertir el conjuro. Con sus variaciones esta creencia se presenta en cientos de culturas, independientemente del grado de desarrollo económico o educativo que tenga. Pues bien, el médico en cuestión descubrió que muchos de los motivos de consulta en el hospital eran madres que llegaban con sus hijos diciendo que el niño tenía "mal de ojo".

A pesar de las bienintencionadas explicaciones de todo el personal médico, mostrándole que el "mal de ojo" no existía, muchas madres no ensayaban el tratamiento sugerido por los médicos porque esos señores no creían en el "mal de ojo". Este médico entonces cambió su forma de ver el asunto y a riesgo de parecer un charlatán ante sus colegas, se consiguió un "vestido" de brujo, una especie de atuendo que le permitió poner en escena el hecho casi "secreto" de que él a pesar de ser un médico "normal" de hospitales, también era un médico brujo y que tenía mucha experiencia en tratar lo males de ojo.

A continuación hacía unos pases mágicos, mandaba unos rituales muy sencillos que casi exclusivamente requería que las madres mezclaran unas medicinas con los bebedizos que le iban a dar sus hijos. Las remisiones de los síntomas de los niños empezaron a ser notorias, las deserciones de las madres no sólo redujeron sino que aumentaron debido al rumor "secreto" de que en el hospital había un médico que curaba el "mal de ojo".

Los colegas, después de las burlas y las críticas a su método, empezaron a remitirle casos para los cuales ellos no encontraban cómo ayudar. Esta elegante y elaborada intervención nos puede enseñar muchas cosas pero por el momento sólo quiero señalar que no todos lo profesionales pueden tener las aptitudes necesarias para llevar a cabo tal puesta en escena, pero eso no deja de ser una vía. Es más o menos claro que si llevamos la terapia a este punto, se pone en evidencia la manera en que los terapeutas hemos sido formados[22].

---

[22] "Los pacientes han abierto su alma, comparten sus sueños, sus fantasías, y si le atinas al punto correcto se alegran aunque sea un momento, no se concentran en el dolor, ni siquiera siente el dolor" Patch Adams

En las partes finales de este libro diré algo al respecto.

Mientras esa posibilidad de una pre-intervención se puede estudiar, he de decir cómo veo y trabajo esa primera sesión.

Tengo una importante herencia de la psicología humanista y por ello considero que atributos como la calidez en el trato como telón de fondo y un profundo respeto por la persona son condiciones básicas para ese primer acercamiento. Esta actitud no debe confundirse con "jugársela" en un tipo de postura terapéutica en el primer momento. Si te muestras muy condescendiente, puedes estar influyendo negativamente al progreso de la terapia, igual que si te muestras intransigente, o te muestras de "algún modo".

Tener una actitud cálida y de comprensión sin que ello sea una postura terapéutica previa que afecte la efectividad de la terapia es algo que creo que sólo se va consiguiendo con los años de experiencia. Es en este tipo de momentos, en la conformación de una primera imagen lo que puede determinar que te escuchen, te crean y te sigan como terapeuta. Es en este tipo de momento, cuando el cuidado de lo sutil en la comunicación verbal y no verbal muestra su importancia.

Entran aquí en juego supuestos tan influyentes como los que ha mencionado la Psicología Social y la "psicología" popular cuando dice que una primera impresión es fundamental. Un primer objetivo de la primera sesión es crear todas las condiciones necesarias para que la persona no abandone después de la primera sesión. A pesar de la experiencia he sentido cómo a algunas personas desde el saludo ya las había enganchado pero otras me la he pasado toda la consulta tratando de persuadir infructuosamente al consultante para que entrara en nuestra forma de proceder, o mejor dicho luchando para entender cómo es que la persona se deja persuadir más eficazmente.

Incluso si por una casualidad en el momento que llega la persona a nuestra consulta estamos charlando con nuestros compañeros de consultorio, o estamos atendiendo una llamada, los consultantes están atentos a cualquier situación o comentario que les indique que han venido al lugar correcto, o están buscando argumentos para sumarlos a su idea de que no necesitan un "loquero" y menos uno que se comporta de la manera "X" mientras espera a sus "pacientes". [23]

Precisamente por lo que decíamos acerca de la percepción, las personas que tienen un problema y se acercan a consulta, tienen una característica adicional que hace que su sistema evaluativo pueda ser especialmente sensible y por ello es fundamental no jugársela demasiado para que la persona no forme pre-juicios antes de tiempo y para que el terapeuta pueda moverse libremente como bien le convenga en un momento determinado dependiendo de lo que la persona necesite.

Esto sugiere que incluso las salas de espera y las conversaciones espontáneas que se generan en esos momentos se manejen también estratégicamente. El asunto está por estudiar, pero creo que es un campo interesante plantear el hecho de que nuestro sitio de consulta esté "estratégicamente" decorado e incluso "escenificado". En muchas ocasiones, un mensaje, un cuadro, una figura, un pequeño objeto decorativo, una conversación en la sala de espera es el motivo para que la persona entre en confianza o no. [24]

En TBE la primera sesión es para mí una forma de intervención sin intervención. La forma diferente en que se recoge la información es ya una primera manera en que a la persona se le lleva a considerar su problema desde una perspectiva diferente.

---

[23] Incluso creo que el terapeuta se podría presentar caracterizado, disfrazado con algún elemento que pueda captar estratégicamente la atención del consultante.

[24] No confundir esta propuesta con la idea de algunas corrientes terapéuticas que tienen como condiciones determinantes para conseguir los objetivos que 1) Las personas no deben ser atendidas en consultorios diferentes una vez empezado el proceso en uno en particular. 2) La decoración de ese único espacio de consulta debe mantener durante todo el tiempo de la terapia la misma disposición de los objetos y de la decoración. 3) Cualquier alteración de estos elementos puede ser negativo para los consultantes. Lo que planteo como sugerencia a ser estudiada es que la decoración, tanto del centro de consulta como del consultorio en sí mismo puede tener una disposición estratégica, llegando incluso a lo que ya muchos practicamos como es la posibilidad de que con algunas personas o en determinados momentos del proceso de intervención se pueda atender a la persona fuera del espacio formal de consulta y se recurra a otros espacios.

El poco interés en el pasado, el pedirle a la persona que concrete al máximo posible, que trate de ubicar su explicación en lo que está pasando hoy y de qué manera está afrontando la situación, hace que ya se ahorre una gran cantidad de tiempo y se acorte el camino para encontrar la solución. También tengo una pequeña herencia de la terapia gestalt con grupos y para mí ha sido de gran utilidad enmarcar o encuadrar convenientemente lo que va a suceder en la terapia antes, en y después de esa primera sesión.

Detalles como por ejemplo que el dinero que va a pagar no lo hace por unos minutos determinados sino por el encuentro conmigo y que por ello probablemente casi nunca utilizaremos los hipotéticos "45 minutos", ó "50" ó "60", de las terapias tradicionales. Que incluso en sesiones posteriores es posible que nuestro encuentro sólo sea verificar si las tareas o prescripciones se están haciendo, cómo se están haciendo y hacerle ajustes al proceso y que eso puede tardar 15 minutos o 20 como mucho.

Por regla general, mis consultorios han sido espacios abiertos, sin escritorios de por medio, lo que me permite una relación más directa con las personas y una forma de evaluar la comunicación no verbal con una visión más completa.

También creo que el poder de influencia del terapeuta hizo un cambio importante desde que Rogers con su terapia centrada en la persona sugirió que la persona vencería sus resistencias con mayor facilidad si se sentía aceptada y comprendida. Y posteriormente los trabajos de Bandler y Grinder, seguramente influidos por la genialidad de Milton Erickson, con su técnica del calcado, mencionando que además de los reflejos verbales de Rogers también era posible hacer reflejos corporales imitando o calcando la comunicación no verbal, significaron otro avance importantísimo. Incluso el ritmo respiratorio puede ser "reflejado", enganchado y movido desde un movimiento similar de la mano del terapeuta. Lo he hecho cientos de veces y he visto como las personas entran en una dinámica que les permite expresarse con mayor facilidad lo que termina siendo positivo para todos.

El proceso que establezco en la primera sesión sigue habitualmente 4 pasos:

EP = El problema
SI = Soluciones intentadas
OMA = Objetivo mínimo alcanzable
IE = Intervención estratégica.

Con muy pocas diferencias estas son las mismas áreas que ha señalado el modelo original y coincide en mucho con el modelo de Nardone y de Shazer, aunque con éstos últimos sí que pueden establecerse claras diferencias de énfasis.

El Problema(EP)

Como hemos dicho, "es mejor pecar por especificar que pecar por generalizar". Y en el caso de encontrar información útil en la descripción del problema por parte del consultante abandonar la pregunta ¿por qué?, resulta muy útil. "Especificar" no significa quedarnos a recabar información vaga, ni dejar de hablar de todo el proceso a través del cual la persona cree que el problema se ha formado. Especificar y concretar significa hacer preguntas del tipo

¿Qué le trae por aquí?

Otras personas utilizan otras preguntas "neutrales" como,

¿En qué puedo ayudarle?

¿En qué puedo servirle?

¿Por favor cuénteme el motivo de su consulta?

Una vez determinado la forma (su lenguaje y su postura) en que el consultante se refiere a su motivo de consulta, se recomienda utilizar esta forma para seguir haciendo las preguntas. Aquí las mencionamos como si el consultante hubiera dicho que tiene un problema.

¿En dónde se presenta con mayor frecuencia el problema?
¿A qué horas el problema se manifiesta con mayor énfasis?
¿En qué conductas concretas se expresa ese problema?
¿De qué manera es un problema para Usted?
¿De qué manera es un problema para las personas que se relacionan con Usted?
¿Qué dicen las demás personas acerca de su problema?
¿Reconocen los demás el mismo problema en las mismas dimensiones que usted?
¿Desde cuándo el problema se ha convertido en tal que ha tenido que consultar?
¿Qué ha sucedido que finalmente se ha decidido a llamar a un psicoterapeuta?
¿Si esto que desencadenó su demanda no hubiese sucedido, cree que hubiera venido a consulta?[25]

Habitualmente preguntas de este tipo suelen dar una información suficiente para darnos cuenta de la situación.

Soluciones Intentadas (SI):

En esta parte le pido a las personas que consultan que detallen todo lo que han hecho para intentar solucionar el problema, no sólo ellas sino también las personas del entorno relacional.

Es muy importante indagar hasta los más mínimos detalles ya que una de las premisas de la TBE es "no hacer nunca lo que ya se intentó y no funcionó".[26]

---

[25] Nardone y Salvini explican en su libro el Diálogo Estratégico una fórmula de embudo a través de la técnica de ilusión de alternativas que se fundamentan en los supuestos de base encontrados en sus investigaciones acerca de diferentes patologías lo que hace que se la "jueguen" por una batería de preguntas casi predeterminadas que llevan a tener un idea bastante clara del problema y de las soluciones ineficaces, así como también permite al consultante reconstruir su problema desde una perspectiva mucho más operativa, lo que sin duda es beneficioso para el acortamiento de la terapia.

De hacerlo se corre el riesgo de unirse a la lista de personas que han intentado cosas ineficaces. Un supuesto de base presente en esta forma de ver las cosas es que se supone y se espera que el terapeuta sea una persona que ilumine unas nuevas soluciones que hasta ahora no se han considerado, o presentar en el adecuado envase soluciones que ya se han intentado pero no con las contingencias que se pueden armar en TBE. Esto último es bastante arriesgado ya es fácil para el consultante enmarcarlo en algo que ya había hecho, pero he visto cómo una pequeña reestructuración en un intento de solución de un consultante se convirtió en una solución efectiva. De hecho Steve de Shazer, centrado en las soluciones, no pregunta por las soluciones que han fallado, sino por las que sí han funcionado, así sea en un mínimo porcentaje. Según de Shazer, potenciar los recursos propios de la persona que ya ha encontrado una mínima forma de resolver su problema es preferible a proponer la adquisición de complejas soluciones que la persona puede sentir como foráneas y en esa medida no comprometerse lo suficiente con ellas.

De otra parte, como decían en el grupo de Palo Alto, alejarse 180° de las soluciones intentadas suele ser una mejor vía de solución.

De igual forma cuando la persona ha dicho que algunas cosas le han funcionado durante algún tiempo, es importante indagar qué es lo que ha hecho que una posible solución se diluya. En ocasiones es un asunto de énfasis en algún aspecto de la solución lo que puede llevar a que la situación se desbloquee de forma efectiva.

Si manejas el proceso, con estos dos pasos debes saber con bastante claridad hacia dónde has de dirigir la intervención, pero antes de jugártela has de asegurarte que has identificado la postura del consultante y utilizar el lenguaje del mismo. La postura del consultante no es otra que la visión filosófica desde dónde concibe y aborda el problema y las soluciones. Si una persona dice por

---

[26] Hummmm! Lo de "nunca" es el mensaje central de la política de no volver sobre soluciones ineficaces, sin embargo podríamos añadir un matiz que en ocasiones las personas ya han intentado soluciones de "buen potencial" sólo que puedes estar "mal" aplicadas y se puede recomendar en un primer momento algunos ajustes aprovechando los "buenos haceres" del consultante.

ejemplo, "uno en la vida tiene que ser estricto y disciplinado con sus cosas", no es aconsejable correr a decirle a la persona, como sugeriría el sentido común "hombre, pero hay que aprender a flexibilizar las posiciones". Si te pillan en algo así, seguro que no vuelve. Si una joven dice "soy el paño de lágrimas de todos los de mi familia", es claro que ella se coloca en una posición superior de consejera que puede ser usada con gran éxito a la hora de sugerir una táctica.

Nardone se ha separado, a mi manera de ver, de una forma clara de este modo de actuar del modelo original de TBE. Con su batería de preguntas en "embudo", la persona termina utilizando las palabras del terapeuta y permanentemente le está ofreciendo imágenes simbólicas que la persona no ha traído a colación en su descripción del problema. Aunque valoro profundamente este desarrollo de Nardone, una utilización sistemática del lenguaje y de la postura del paciente te da una ventaja estratégica suficiente para sugerir caminos efectivos de solución.

Si una consultante dice que "la invaden una fuerzas". No es necesario re-educar, como lo harían la mayoría de psicoterapias, diciéndole a las persona que realmente "las fuerzas" no existen, o lo que ella llama "fuerzas", pueden ser, qué se yo, descargas hormonales. Si aceptas la figura de las "fuerzas", tendrás un camino allanado para que la persona te escuche lo que tengas que decirle, porque el "doctor" no se ha burlado de sus "fuerzas", ni las considera "alucinaciones" o algo que "no debería sentir".

Objetivo Mínimo Alcanzable (OMA)

Una vez clarificado el problema y las soluciones ineficaces, y teniendo en cuenta la postura y lenguaje del consultante, estamos listos para una sencilla pero esclarecedora pregunta:

¿Cuál es el objetivo mínimo que quiere alcanzar?

Dicho de otra manera:

¿Qué sería lo que tendría que suceder para que Usted dijera que ha servido venir a esta terapia?

Esta pregunta, con las variaciones que a cada uno se le ocurra, tiene implícitos una serie de supuestos teóricos de gran importancia en la terapia breve. Uno de ellos es el concepto sistémico de que un pequeño cambio en una de las partes del sistema provocará un cambio en el sistema completo. Entender esto es básico para un profesional de terapia breve. Esto se une a un principio operativo de este modelo y es que es mejor un plan de pequeños pasos que un plan para hacer el "Gran Cambio". La tentación de muchos terapeutas es caer en la trampa del mesianismo, según el cual, el psicoterapeuta no sólo puede con todo, sino que debe generar cambios espectaculares y de gran calado que cambien el sistema completo de una vez. Habitualmente lo único que esto genera es una gran frustración a la par con la infravaloración de pequeños resultados significativos que si se consiguieron pero al no ser "EL GRAN CAMBIO", resultan insignificantes.

Otro supuesto que atiende este tercer paso es que coloca al terapeuta en una posición de estratega y no de salvador. El compromiso del terapeuta es condicionado a un objetivo mínimo y por tanto la terapia puede ser reconducida fácilmente si éste no se está alcanzando, quedando resguardada la credibilidad y la capacidad de maniobra del terapeuta.

La capacidad de maniobra del terapeuta es un elemento clave de la TBE. La TBE es una terapia directiva donde el terapeuta tiene un papel activo y donde, por su esencia y perspectiva teórica, los éxitos siempre son del consultante y los fracasos del terapeuta o de la forma en que enfocó el problema. Las personas que establecen "juegos psicológicos" con el terapeuta van a la consulta a tratar de determinar quién tiene más poder, físico, seductor, intelectual. Si el terapeuta pierde capacidad de maniobra y se siente intimidado, está perdido. Si se da cuenta a tiempo, es mejor utilizar la última herramienta. Lo que yo llamo la MSI (maniobra de salvamento inmediato) que significa simplemente que el último suspiro de capacidad de maniobra debe servir para echar al consultante y declararse incompetente para su caso. Cabe aquí el proverbio de que más "vale una retirada a tiempo que una muerte segura".

Así que si se establece un objetivo mínimo alcanzable, se está interviniendo estratégicamente, porque desde ya se le dice a la persona que a pesar de lo apremiante del problema, precipitarse puede ser aún peor.[27]

Igualmente se le orienta para que se comprometa con algo que el considera un pequeño cambio no amenazante, que tiene altas probabilidades de llevarse a cabo y que hará que la confianza llegue al consultante y le indique al terapeuta que se va por el camino correcto. Una vez generado un pequeño cambio en la estructura monolítica, se puede iniciar un proceso de escalada positiva, bajo el modelo hacer "más de lo mismo" que funciona. Steve de Shazer lo busca en los recursos propios del consultante y el grupo de Palo Alto y Nardone lo co-construyen.

Intervención Estratégica(IE)

Espero que haya quedado claro que todo lo que sucede desde el primer contacto con el consultante puede ser estratégico.

En términos generales esto significa que actuamos deliberadamente para facilitar las condiciones que llevarán al cambio en el menor tiempo posible.

Es estratégica la manera en que buscamos la información, es estratégico buscar y centrarnos en las soluciones intentadas, es estratégico el ubicar un objetivo mínimo alcanzable y es estratégico el lenguaje y la posición que usamos ante el consultante. Sin embargo debemos añadir que la intervención estratégica consiste en lo que el terapeuta le devuelve al consultante, una vez que ha procesado toda la información.

---

[27] Ee consecuente con esta "lógica no ordinaria" mostrar que se va despacio en una terapia que "ofrece" ser "breve".

Habitualmente y dependiendo de la habilidad o de la complejidad del problema este procesamiento por parte del terapeuta no necesita más del tiempo mismo que se gasta mientras se recoge la información, porque la manera en que se hace y con un poco de experiencia se puede ubicar fácilmente la dirección de hacia dónde orientar las posibles soluciones. Otras veces, el caso requiere pensar mejor el asunto. Tomarse un tiempo para pensar puede hacerse de varias formas. Una posibilidad es decirle a la persona directamente, déjeme que lo piense un par de minutos. Otra posibilidad es decirle a la persona, "le agradecería que me esperara afuera mientras pienso en el asunto unos momentos". Otra forma es decirle que preferiríamos consultarlo con algunos colegas (existan o no éstos). Y otra forma es decirle que quisiéramos pensarlo hasta la próxima consulta.

Quiero detenerme en esta última posibilidad. Una de las estrategias más útiles que he encontrado es encuadrar a la persona desde el principio en que esta primera sesión es de recogida de información y que seguramente hasta la próxima sesión no le diremos nada en concreto. A algunas personas incluso, hay que aclararles que se trata de un proceso y que no es un asunto de una sola sesión, aunque trabajaremos para que no se extienda innecesariamente en el tiempo.

Esta es una estrategia especialmente útil con los consultantes que intentan manejar el ritmo de la terapia y con esto restar capacidad de maniobra. En general las personas vienen con un cierto grado de ansiedad que hace que traten de manejar los tiempos y ritmos de la sesión. Cuando es una persona que habla demasiado y casi no hace pausa, hay que armarse de valor para que en cualquier inflexión respiratoria, nos metamos a explicar los alcances de la terapia y la dificultad que puede suponer el hecho de que nos llene de información que luego no sabremos procesar.

De hecho, con este encuadre de que en la primera sesión por lo general no hago ninguna intervención y que esperaré hasta la segunda donde seguramente le haré preguntas similares, quedo en libertad para hacer una intervención sin hacerla. Digo algo como "mire, en general, como le he dicho no me arriesgo a decir nada en la primera sesión pero ya que usted "X" (es tan inteligente, necesita una pequeña respuesta rápida, es tan alta, tan bajita, etc.) le diré esto".

Muchos consultantes ven en esta una actitud cómplice positiva por parte del terapeuta que es capaz de romper sus propias normas con tal de ayudarle. Se asemeja esta técnica a una usada por el grupo de Palo Alto, que sugiere hacer como si la persona que escucha no fuera la directamente implicada. Se dice "si usted no estuviera presente, yo pensaría que lo único que necesita es X". En otras ocasiones, sobre todo cuando llega una persona con índoles prepotentes, me tomo el tiempo necesario, diciéndole que hasta la próxima consulta no podré decirle nada. Esto establece una sensación de quién es el que verdaderamente "manda" en el proceso y en general si utiliza el lenguaje adecuado, las personas suelen entenderlo perfectamente.

No hay que perder de vista que en general a nuestra consulta las personas no llegan pidiendo un tratamiento específico. Vienen pidiendo ayuda. Esto es significativo porque en ocasiones el terapeuta se ve impelido a actuar con más premura de la necesaria, debido a que es un terapeuta breve. Si la persona viene pidiendo un tratamiento breve, hay que aclarar previamente a qué se refiere, quien se lo ha mencionado, en qué cree que consiste, etc. Si dice que ya ha leído un libro acerca de terapia breve, la mayoría de las veces lo mejor es reforzarle su esfuerzo por mejorar y que de esta manera es posible que nos ahorremos un par de explicaciones. A menos que sea un especialista en terapia breve, casi nunca hay que ahorrarse estas explicaciones.

La IE consiste en hacer un resumen para verificar que la información que se ha tomado es la correcta, decirle, honestamente, si lo que nos comenta está en el campo de competencias que manejamos, y en qué consistirá el tratamiento en términos globales. Se le menciona que nuestro estilo de trabajo consiste en poner una serie de tareas para hacer en casa. En ocasiones es necesario recalcar la idea de "el consultorio no deja de ser un espacio artificial, y es necesario que usted se pruebe en el mundo real, donde usted se mueve y el problema se presenta, por ello es importante que esto lo practique en su vida real y utilice la consulta como un mecanismo de evaluación de los cambios". Esta explicación o similares es conveniente especialmente cuando la persona viene de otros tipos de terapia donde hacen ejercicios introspectivos, juegos de roles, dibujos, expresiones literarias en el mismo consultorio, o se acuestan en un diván a hacer asociación libre, o hacen entrenamientos de detención del pensamiento.

Algunas personas sienten que el cambio se tiene que generar en el consultorio y esto puede ser un obstáculo importante, ya que si no encuadramos adecuadamente este aspecto, la persona puede sentir que en la terapia no pasa nada y puede terminar abandonando. Aunque en ocasiones realizo algunas actividades para ejemplificar algún obstáculo o alguna prescripción, el 90% de las actividades o tareas terapéuticas son para hacer fuera del consultorio.

Efectivamente, algo que si puede suceder en él es que la persona haga nuevas conexiones para entender cómo su problema ha persistido, pero éste es un aspecto más de la terapia y no el eje de lo que queremos que suceda en primera instancia. En la fase de finalización del tratamiento podemos hacer un resumen donde veamos y resaltemos las nuevas conexiones, pero será un resumen de lo que se ha hecho en conjunto.

Este resumen y reencuadre puede hacerse usando aforismos, cuentos, anécdotas o usando un lenguaje llano y sencillo dependiendo de nuestro interlocutor.[28]

Esta supuesta incertidumbre de no saber exactamente qué recurso utilizar para determinada persona o caso, es uno de lo aportes que valoro de la obra de Nardone. Aún en su caso, una de las aptitudes básicas del terapeuta ha de ser la capacidad de adaptarse a las circunstancias y a las personas de la mejor manera posible dejando libertad para que nuestra creatividad se exprese. La experiencia se

---

[28] Por supuesto el uso de relatos y lenguaje simbólico no se usa sólo en el resumen de los objetivos conseguidos con la intervención. De una forma elegante y efectiva la terapia narrativa, muy cercana a los planteamientos de Milton Erickson y con una base sistémica declarada, es una de las corrientes terapéuticas más avanzadas de las últimas décadas. Cuando, ocasionalmente atiendo a niños y niñas, los cuentos "ad hoc" suelen ser muy estratégicos para conseguir una contribución rápida. De nuevo, por supuesto esto sólo es posible usarlo con los menores.

aprende haciendo. Leyendo adquirimos conocimientos sobre hacia dónde dirigirnos o hacia dónde no, pero efectivamente debemos impregnar nuestra terapia de nuestro estilo y talento personal sino queremos convertirnos en una especie de robot que repiten fórmulas prefijadas.

Segunda sesión

En general utilizo unos minutos de la segunda sesión para hacerle las mismas preguntas que hice en la primera. Esto se ha convertido en una herramienta de verificación porque muchas veces con la ansiedad a la persona se le olvida decir algo que puede resultar decisivo. Muchas personas ensayan un discurso antes de ir a la primera consulta y salen con la sensación de que no dijeron todo de lo que habían preparado. En la técnica del diálogo estratégico de Nardone esto puede ser visto incluso como una ventaja ya que a la persona se le enmarcó en una serie de alternativas que le permitió reconstruir su problema y por tanto trabajar sobre esta "nueva" realidad. En mi forma de trabajar, esta verificación de la segunda sesión me permite acertar con las estrategias a sugerir, ya que si la persona viene relatando algo diferente, situación bastante común, podemos alterar oportunamente nuestro plan.

También puede suceder que la persona de una sesión a otra cambie de problema, por lo que será necesario hacer un inventario de los problemas y proponerle a la persona trabajar con el que sea más prioritario y luego ya se verá qué hacer con los demás.[29]

En la segunda sesión se pone en marcha el plan estratégico donde se le asignan las correspondientes tareas a la persona, cuidando utilizar el lenguaje y posturas del consultante, para evitar resistencias, ya que como, habitualmente, lo que le enviaremos como deberes o tareas

---

[29] Como suele ocurrir con bastante frecuencia, desbloquear uno de los problemas puede provocar una reacción en cadena que desbloquee los demás. Incluso, como lo han sugerido en algún momento los pioneros del MRI, ni siquiera se tendría que actuar sobre el problema más "grave". Para mí es útil trabajar con el que la persona elige como más prioritario, porque con ello me garantizo un mayor nivel de compromiso.

serán cosas ajenas al sentido común, hay que "venderle" adecuadamente lo que ha de ensayar.

Cuando estudiamos el tema de la comunicación humana sabemos que una verificación no sólo puede consistir en preguntarle a la persona si entendió o no, dándole toda la responsabilidad a quien escucha. Es el emisor quien tiene la responsabilidad de ser suficientemente claro en lo que dice. De esto he sacado el hábito de preguntar "¿me he hecho entender?, en vez de ¿me entendió? O fórmulas que den por supuesto que el consultante ha entendido.

Mi apuesta es por la verificación, incluso arriesgándome a que la persona piense que no tiene las capacidades para entender, generando un momento incómodo, que se puede salvar fácilmente.

Habitualmente digo algo como "perdone, como quiero que haga exactamente lo que le he dicho, y no quiero que luego haga algo diferente, me gustaría que me repitiera qué es lo que va a hacer". Con esta pequeña fórmula de comunicación, que en extrañas ocasiones las personas no aceptan, la persona repite lo que ha de hacer y de esa manera se plantea una doble verificación. Por un lado está el hecho de repetir y por el otro nos evitamos para la próxima sesión que la persona salga con una excusa del tipo "ahhh, es que yo creí que lo que había que hacer era esto otro".

Tercera sesión y siguientes

Las sesiones siguientes, desde la tercera, habitualmente son sólo para verificar que se han producido los cambios esperados, que la persona no repite soluciones ineficaces del pasado y para re-orientar la estrategia en caso de que haga falta. Si las dos sesiones previas se han manejado adecuadamente es difícil fallar, pero ya se sabe, el ser humano siempre nos sorprenderá, cosa que está bien porque la TBE no debería caer en la prepotencia de decir que "todo" lo puede solucionar. Y es posible que "la lógica no ordinaria" que sustenta la TBE sea casi infalible, pero hay que contar con que es aplicada por seres humanos, sea el terapeuta y/o el consultante, y esto hace que en muchas ocasiones no se consiga lo que se espera.

Trabajar con un número de sesiones predeterminado, es bastante efectivo en muchas ocasiones, pero en general las personas están buscando quien les ayude y no una terapia en particular, así que tampoco es estrictamente necesario hacer una "venta" anticipada con nombres técnicos del tipo de orientación que tenemos.

Cuando la persona lo solicita abiertamente, se lo explico con la mayor claridad posible, sin que afecte las posibles tácticas terapéuticas que sea necesario utilizar. Aunque, como el modelo lo plantea, tanto el de Nardone como el de Palo Alto, generalmente no se llega a la sesión 10, y mis propios casos no suelen pasar de la sexta sesión, tampoco he convertido el modelo en una camisa de fuerza y si veo necesario utilizar más sesiones, sencillamente lo hago. Muchas veces se trata de personas que les apetece pagar algunas sesiones más para hablar de temas relacionados, aunque el cambio ya se haya consolidado en sesiones anteriores.

Última sesión

El cierre del caso suele ser como la terapia, breve, y no conlleva más que una sesión, que por lo demás ha sido anunciada con anterioridad. En muchas ocasiones es la persona la que sugiere que está preparada para ensayar sola sus nuevas herramientas. La utilizo como una sesión de verificación final donde se hace un resumen de las soluciones fallidas y de lo que hicimos para cambiar de estrategia y resaltar que por ello se consiguieron los resultados. En algo en que coinciden todos los modelos de terapia breve con base sistémica y estratégica es en darle todo el mérito del éxito al consultante, en parte porque es cierto y en parte porque es una elegante manera de apuntalar los recursos personales del consultante.

¿Y así hemos llegado al final de la terapia?

No necesariamente. Dependiendo del caso es posible que una sola llamada posterior de seguimiento sea suficiente. En otros se reserva hora para los tres, seis o doce meses para hacer una consulta de seguimiento. En muchas ocasiones, es el mismo consultante el que llama a decir que todo va bien y que no cree necesario el encuentro personal.

Esto por supuesto cuando se han alcanzado los objetivos. Cuando no se ha hecho la última sesión puede ser una manifestación elegante de "mea culpa" del terapeuta señalando que no ha sabido asumir la problemática para ayudar al consultante a desbloquearla y que a lo mejor debería consultar a otro terapeuta, dependiendo de las circunstancias y de si se evalúa que esto es estratégico de cara a que en otro momento la persona vuelva a pedirnos consulta o que inicie un nuevo proceso intentando no recorrer el mismo camino que ha seguido con nosotros.

Otra posibilidad de última sesión sin objetivos cumplidos es, como ya hemos dicho, cuando debemos "echar" de la consulta a la persona debido a su constante saboteo del proceso. Por supuesto, volvemos sobre la figura del terapeuta manifestando que no creemos que seamos la persona idónea para atenderle ya que no hemos sabido apuntalar las tácticas efectivas para ayudarle.

Si hemos sido profesionales con dominio de la situación y los pasos de la terapia, con mucha frecuencia, al mostrar una actitud de asumir la culpa por no haber sabido encontrar los puntos clave para revertir su problemática, las personas salen a al rescate asumiendo también parte de su responsabilidad, a lo que, de nuevo una actitud de "sé que lo dice desde su generosidad y el respeto por mi profesión, pero de verdad que le deseo que encuentre el profesional que le pueda ayudar con su situación". Esto es comunicación rápida que tampoco requiere que nos quedemos insistiendo en este punto demasiado.

Una vez visto de manera sucinta el proceso podemos detenernos en comentar algunas técnicas y principios adicionales que creemos bastante útiles.

2. HERRAMIENTAS

Para iniciar la solución de una queja se necesitan cambios mínimos; una vez que el cambio se ha iniciado (como consecuencia de la acción de la tarea del terapeuta) el cliente generará cambios adicionales"
Steve de Shazer[30]

Técnicas, ajustes, énfasis, reflexiones

Aparecen en esta sección reestructuraciones de técnicas originales, énfasis en aspectos teóricos o más bien en modelos teóricos, y también ideas aparentemente inconexas. Muchas de las técnicas presentadas han sido probadas y comprobadas por mi o por otros terapeutas con la debida sustentación y otras son simplemente ideas de técnicas que como están bajo el mismo techo de la lógica del TBE, creo que pueden dar buenos resultados en casos particulares. He saltado intencionalmente de una idea a otra.

¿Hasta dónde podemos llegar como terapeutas?

Con algunos de los psicólogos con los que he compartido a lo largo de estos años las ideas y aportes de la TBE, muchos me han dicho "humm, interesante, pero yo no sería capaz de hacer eso". Y creo que en ese comentario hay algo muy importante que reflexionar. Al igual que con los deportes, es muy probable que no todos tengamos el talento suficiente para practicar todos los deportes. Por una tendencia "natural", por una elección personal, por aspectos históricos o por algo que en ocasiones no sabemos explicar, se nos

---

[30] De Shazer, Steve. Claves para la solución en terapia breve. Paidós. 1989.Pág. 51.

dan bien ciertos deportes y hay otros que no. Hay algunos que quisiéramos practicar pero nunca encontramos el tiempo para ensayar y otros que disfrutamos sólo con ver que otros lo practiquen pero nunca se nos pasaría por la cabeza hacerlo. En otras ocasiones, sólo pensar en determinado deporte, nos hace bostezar.

Por otro lado están las personas que como Nardone, dicen que no es necesario talento sino aprendizaje y práctica para desarrollar las habilidades necesarias para ejercer la TBE con profesionalidad. Yo creo que sí es necesario un cierto nivel de talento. No me atrevería a decir "natural", pero es cierto que cuando vemos a alguien con talento practicar algo que nosotros sólo logramos realizar con cierta decencia, nuestra conclusión es que esa persona tiene "algo" adicional que posiblemente nosotros nunca podremos tener. Está claro que no todos podemos ser "Zidanes", pero sí es posible desarrollar las habilidades necesarias para practicar el fútbol de una manera relativamente competitiva.[31]
Pero… ¿qué pasa si no nos gusta el fútbol?

Lo que intento decir es que es posible que por interesante y apasionante que les pueda parecer a ciertas personas el modelo de la TBE, sencillamente no se sienten con la predisposición necesaria para siquiera ensayar sus propuestas. Por otro lado, la TBE nos pone contra la pared en muchas ocasiones con la pregunta de ¿hasta dónde se puede llegar con tal de influir positivamente para que las personas consigan los objetivos que fueron a buscar a nuestra consulta?

Quién se interese sinceramente por este modelo y esto quiere decir, que lo "ensaye" y vea sus bondades tarde o temprano tendrá que enfrentarse a esa pregunta. En muchas corrientes psicológicas esta pregunta no tiene sentido; la orientación psicoterapéutica tiene sus lineamientos de los que no se deben salir así eso implique que no se le pueda ayudar al consultante. Para los terapeutas estratégicos, y

---

[31] Para no caer en el supuesto de que todos saben quién es Zidane, diré que es un jugador de fútbol francés, destacado entre el final del siglo pasado y la primera década de éste como uno de los futbolistas con más talento y elegancia de su época. A pesar de sus cualidades y de ser respetado como un "señor" en el campo, terminó dejándose provocar en el último partido que jugaba con su selección, en el mundial del 2006, pegándole un cabezazo en el pecho a un jugador italiano.

espero estar hablando por muchos, una persona que no logramos ayudar es un reto porque nos muestra que nuestro pensamiento táctico no ha sabido ver otras lógicas. En general, procuramos no darnos por vencidos.

Hay algunos técnicos de fútbol que no fueron futbolistas y que aún así han logrado desarrollar un nivel de eficiencia y eficacia alto solventando incluso, como una ventaja, los posibles vicios que se hayan desarrollado si se hubiera sido un jugador en una etapa previa. Otros técnicos, una gran mayoría a decir verdad, se vuelven técnicos después de muchos años de ser futbolistas. Tienen la ventaja de saber qué le pasa a un jugador dentro del campo y las posibles contingencias que debe enfrentar con la sangre caliente. Y llegados a este punto, las posibilidades son muchas, excelentes jugadores que resultaron ser malos técnicos, buenos jugadores que también logran ser buenos técnicos, profesionales que no fueron futbolistas y llegan a ser buenos técnicos y aquellos que no habiendo sido futbolistas terminan siendo malos técnicos.

Todo esto para decir que depende de nuestro talento y de nuestras ganas de aprender y desarrollar las habilidades necesarias lo que determinará hasta dónde podemos llegar como terapeutas.

"Te puedo decir el milagro pero no el santo"

Esta es una técnica comunicativa para cuando la persona presiona por saber cuál es la lógica interna de algunas de las prescripciones que le mandamos. Un intento de explicación racional para mostrarle el funcionamiento "interno" de la tarea, puede llevar a que ésta no funcione. Por ello, y todas las veces que sea necesario, utilizo esta frase para posponer mi explicación hasta el resumen final cuando la persona ya ha experimentado resultados y está "disfrutando" de su cambio. En algunos casos, ni siquiera ha sido necesario dar esta explicación. Cuando la persona se vuelve muy incisiva acerca de conocer "el truco", me extiendo en la explicación de para qué evito dársela y confronto a la persona ante una ilusión de alternativas del tipo "¿qué prefieres? ¿Tener una explicación de lo que te pasa y cómo funciona o cambiar el problema? La mayoría de las veces las personas escogen la segunda. Otras dirán que las dos, a lo que yo les explico que es preferible cambiar primero y luego llegarán las explicaciones. También uso el símil de que no se puede aprender a montar en bicicleta por correspondencia. Para aprender a montar hay que montarse, por más caídas que haya.

Consultantes muy racionales

Con consultantes muy racionales, que se resisten a explicaciones simples o a que no se les dé ningún tipo de explicación sobre algún requerimiento específico, he encontrado útil pasar a un enfoque más pedagógico, incluso a un debate filosófico. Se puede usar tableros, ayudas como hojas (folios) para explicar conceptos, manualidades con lapiceros, o con cualquier recurso que haya en el consultorio, metáforas y/o analogías gráficas.

Es importante entender que el sentido de hacer esto no es ceder a las demandas del consultante y con ello perder "capacidad de maniobra", sino que por lo contrario, se retoma su manera de entender el mundo y a partir de allí se puede vencer la resistencia para mostrarle luego las inconsistencias de sus soluciones racionales o para dejar a la persona apta para que una técnica como la de la "confusión" de Erickson tenga mayor efectividad.[32]

Habitualmente suelo usar terminologías muy elaboradas, que a la persona terminan desgastándola porque debe hacer un esfuerzo adicional para entenderme. Esto es especialmente útil con las personas muy racionales o de una gran preparación intelectual. Tal vez no sobra decir que para poder hacer esto es necesario que el terapeuta haya leído algo más que los manuales de psicología.

En ocasiones como una variante de esto mismo utilizo terminología de una ciencia en especial y la presento como algo que es tan obvio que una persona tan racional, seguramente ya se había percatado del asunto. Por ejemplo: "Sé que le parecerá una tontería, al fin y al cabo, he notado que usted es una persona muy preparada, pero me

---

[32] La técnica de confusión está descrita suficientemente en varios libros básicos de los modelos de Terapia Breve, tanto en los textos de los investigadores del grupo de Palo Alto como de Nardone.

parece importante recordar que muchas de las actuaciones personales en el devenir de la existencia activan los dispositivos ontológicos que nos señalan un derrotero de parámetros que son mutuamente excluyentes, pero sin los cuales probablemente no podríamos hacer nada".

Si la persona es erudita, aceptará una afirmación como esta, más o menos entendible, agradeciendo que se utilice un léxico propio de su preparación. Si la persona es sólo racional, hará una cara de no estar entendiendo nada, pero de no poder objetar porque se ha mostrado necesitado de una explicación.

En ambos casos, el terapeuta tiene una ventaja estratégica importante. Y en ambos casos casi siempre, ambas personas agradecen que pasemos a un lenguaje más afable, menos técnico, más "común".

La onda de los procesos humanos

Otra técnica que sirve para procesos parecidos al anterior, cuando se evalúa que es necesaria alguna explicación, es la de la respuesta ondulatoria de todos los procesos orgánicos y psicológicos de las personas y de la vida misma. Según este modelo explicativo, todos los procesos son ondulatorios, como la actividad cardiaca o cerebral que revelan los ECG (Electrocardiogramas) o los EEG (Electroencefalogramas). Esto nos indica que ningún proceso interno de los seres humanos es lineal y que tiene subidas y bajadas, momentos críticos y momentos donde la situación es más llevadera.

Para el trabajo con las emociones, depresiones, rabias, ansiedades, ataques de pánico, etc, este modelo es especialmente útil. Se le indaga a la persona para que relate cuándo, qué, dónde, para qué, su "problema" tiene mayor intensidad y qué pasa cuando empieza a hacer la curva descendente.

Cuando se usa de forma explicativa se menciona que las personas funcionamos de esta forma y que es importante que esté atento a estas variaciones para poder evaluar dónde y cómo utilizar las mejores tácticas. No sobra decir que esta sola prescripción de auto-observación puede ser de por sí una técnica paradójica importante que le devuelve el mando a la persona que presenta la dolencia.

Si la persona se va a estar atenta en qué momento está en un momento crítico y en qué momento no lo está, su observación ha pasado de sufrir un problema difuso y monolítico, a un problema que en algún momento "afloja" su intensidad y por tanto tiene vías de solución. Se puede incluso pedir a la persona que haga un gráfico que traiga a la próxima sesión, donde lleve un registro de las horas en qué el asunto estaba más crítico y trate de dibujar un esquema al respecto. Una especie de **"problemagrama".**

Con las personas con "obsesiones y compulsiones", esta técnica también puede ser aplicada a sus momentos o aspectos que son más recurrentes y en qué momentos éstos dejan de serlo. Creo que esta información es básica para formular algunas tareas.

Los procesos de "auto-observación" pueden justificarse ante el consultante, en algunas ocasiones como que éste va a servir de "coterapeuta" de su propio problema. Por ello es muy importante que sea muy específico y detallado en describir lo que ocurre.

Una técnica de auto-observación como ésta puede ser suficiente para desencadenar procesos exponenciales de cambio en dirección a los objetivos del consultante.

Nombres ridículos

Después de mi compasiva diatriba sobre la nosología y la psicopatología puede pensarse que ésta es despreciada por mí en su totalidad, pero no es cierto. Ésta puede ser utilizada en determinados casos: con ánimo disuasorio, para desviar la atención o para provocar un agravamiento controlado.

He aquí tres características a tener en cuenta para poder conseguir, en muchos casos, cambios efectivos: disuasión, desviar la atención y agravar(o intentar agravar) la problemática. Algunos consultantes influidos por las ideas que flotan en el ambiente de los medios de comunicación o porque tienen formación positivista, necesitan casi como una condición previa a continuar con el tratamiento que se les diga qué es lo que padecen. Por más que se les trata de explicar que no es necesario detenernos en un diagnóstico específico sino centrar nuestra atención en las soluciones intentadas, aparece una resistencia importante porque la persona no puede *nominalizar* su padecimiento.

Cuando hemos detectado que la necesidad por un nombre se convierte en un obstáculo importante para que la persona pueda avanzar en el plan de ensayar nuevas soluciones, solemos inventarnos los nombres de los padecimientos. Ahí sí que utilizamos el DSM 5 como referencia pero nos inventamos el nombre. Decimos cosas como "pues mire... le he estado mostrando cómo, el que tengamos el nombre de los que usted tiene, no nos ayudará significativamente para avanzar en el encuentro de una solución efectiva de su situación, pero como vemos que para Usted es importante tener un nombre para poder referirse a él, pues hemos decidido decirle cuál es su padecimiento. Es más, habíamos optado por no decírselo porque no sólo creemos que no nos servirá saber el nombre sino que además puede que sea un elemento negativo para el proceso. Pero si insiste, se lo diré".

Después de este preámbulo, más o menos protocolario y solemne, espero un momento para darle una oportunidad a la persona de que sea ella quien tome la decisión definitiva para recibir el fastuoso nombre. Algunas personas han desistido de su afán y otros se han decidido a escucharlo. Por supuesto, nunca aplicaría una técnica persuasiva como ésta con una persona de la que calculo saldrá de la consulta a buscar en el libro de referencia si lo que yo le digo es cierto o no. Cuando calculo que esto puede suceder no doy como referencia un libro real sino un manual viejo que ya está fuera de circulación o apelo a un autor "raro", que por supuesto no existe.

Es posible que algunos piensen que con este tipo de estratagemas se ve lo persuasivo (o poco ajustado a la "verdad") de este tipo de enfoque, pero en la mayoría de las veces éste engaño se revela al final de la terapia y se explica el para qué fue utilizada. En aquellas ocasiones en que la persona no termina la terapia, probablemente la persona saldrá hacia otro profesional que le dirá que ese no es el nombre o por respeto profesional, dirá que todos usamos referencias científicas diferentes, o puede que no tenga suerte con el otro profesional y regrese a nosotros diciendo que efectivamente los diagnósticos de los otros doctores no le ha servido para nada.

Si la persona no termina el tratamiento y se va sin que le haya podido aclarar el engaño, pero no decide consultar a nadie más se quedará con una información que seguramente desechará con el tiempo. También existe la posibilidad, como hemos podido atestiguar, que lo único que la persona quería era tener un nombre del cuál poder "enorgullecerse" ante sí mismo y su sistema de relacionamiento. Ahora puede decir, sí como tengo "X", por eso es que actúo de esta forma.

Es bastante probable que vuelva después de un tiempo, cuando descubra que tener esta información no es suficiente para resolver sus inconvenientes. Se tendrá mayor capacidad de maniobra por parte del terapeuta, sobre esta persona en todos estos casos.[33]

Pero volvamos a la persona que insiste en que le digamos el nombre de su problema y que continúa con nosotros en el tratamiento. Para ellos entonces, casi siempre después de un suspiro parecido al que damos ante una noticia que no sabemos si será buena o mala, le damos un nombre para su padecimiento. Decimos cosas como "bien,

---

[33] Como sé que este tema suscita gran controversia diré que éste idea de inventarse las enfermedades mentales no es nuevo. Hay suficiente literatura, curiosamente no del constructivismo radical, ni del construccionismo social, como cabría esperarse, que demuestra cómo los llamados "trastornos mentales" pueden no ser más que una necesidad cientificista de los profesionales de la psique por un lado y de las farmacéuticas por otro. Así que más que discutir conmigo, que sólo soy un viejo gruñón peleado con la nosología psiquiátrica, pueden hacer el ejercicio de revisar la literatura al respecto. Incluso pueden encontrar argumentos que demuestran que muchas de los psiquiatras consultados para la elaboración de los DSM fueron contratados por las farmacéuticas. Cuando me "invento" el nombre de un trastorno lo hago bajo la perspectiva de considerar que es un movimiento estratégico que facilitará y agilizará el cambio.

debo hacer una última advertencia antes de decirle que es posible que esto no nos sirva de mucho pero como en este momento vemos que para el proceso es fundamental que usted sepa qué es lo que tiene, he de decirle que su padecimiento se conoce científicamente como S.P.O.R., o Síndrome de personalidad oscilante retroactiva".[34]

La palabra síndrome es bastante útil incluso para las personas que tienen formación superior a la media. Por supuesto nadie sabe qué es una personalidad "oscilante retroactiva", pero suena a algo. Sugiere algo, aunque no significa nada. Algunas veces utilizo incluso algunas expresiones que apuntalan aún más el "diagnóstico" dependiendo de lo que haya analizado del caso. Por ejemplo para algunos les digo, "a pesar de que es un síndrome bastante común, en cada persona tiene unas características especiales". Esta opción la uso cuando detecto que lo que la persona quiere saber es si su padecimiento es grave o es algo que se puede curar. También utilizo expresiones como "la verdad es que las estadísticas dicen que este trastorno lo padecen una de cada 10.000 personas y en la mayoría de los casos si las personas ponen de su parte se puede curar bastante bien".[35]

El otro elemento disuasorio es la utilización de siglas (S.P.O.R.) que le otorga un atributo nemotécnico e ilustrativo al "diagnóstico".

Puedo utilizar nombre más estrafalarios o incluso en otros idiomas. Todo depende del efecto que quiera lograr. Cosas como "Trastorno conspicuo hiporeflexivo" (T.C.H). O en inglés digo cosas como, "bueno su problema se llama **Kroops** que no tiene una traducción exacta en castellano".

Realmente como hemos dicho, tener la capacidad de hacer cosas como éstas depende del talento que se tenga o de la capacidad para

---

[34] Espero que no intente buscar este síndrome en ninguna parte. No sobra decir que algunos de estos nombres sugerentes me los invento en el momento y otros han sido planificados entre una sesión y otra.

[35] Me imagino que muchos de ustedes dirán que son casi las mismas explicaciones que dan cuando dan un diagnóstico "real". Saquen ustedes mismos las deducciones.

no ser demasiado rígido con lo que se cree que es real y que es inventado. Espero que cuando lean la tercera parte del libro puedan darle mayor sentido a estas "invenciones".

Nombres didácticos

Una variación de esta técnica comunicativa consiste en llamar de una manera didáctica al padecimiento de la persona. No es necesario usar nombres técnicos. El consultante no sabe cómo llamarlo y habla de una serie de síntomas sin la posibilidad de referirse a ellos de una forma específica.

Es bastante útil "cosificar" el conjunto de sensaciones displacenteras con nombres didácticos o incluso con un no-nombre como "La loca", la sensación "X", "el asesino". En algunas ocasiones se le invita al consultante a que sea él quien "bautice" su trastorno.[36]
Esta pequeña técnica comunicativa provee al proceso de una manera didáctica y divertida de referirse al problema principal. "Cosificar" el problema puede dar además la ventaja añadida de que la persona lo empieza a ver como un "ser" independiente que habita en él y que intenta controlar la situación y que parte del tratamiento consistirá en encontrar la forma de controlar al "asesino"(por ejemplo) para que se someta a la voluntad de su dueño o reducirlo a un tamaño tan pequeño que no sea una molestia.

Aquí de nuevo la creatividad y el talento del terapeuta pueden hacer la diferencia entre conseguir resultados efectivos o no.[37]

---

[36] Ya los creadores de la PNL habían sugerido una técnica como ésta según la cual no es necesario tener un nombre específico y ellos mismo lo llaman "X", que actúa como una ser escindido dentro de nosotros que "tiene" buenas intenciones pero que su resultado es molesto o problemático para la persona.

[37] Cuando se "personifica" o "cosifica" el grupo de sensaciones de un trastorno y se logra remitir los síntomas, en el momento en que la persona vuelve a sentir que éstos vuelven, la sola mención del nombre de este personaje interno actúa como una especie de orden post-hipnótica que lleva al consultante a reconectarse con los recursos propios que le dicen que es capaz de manejar la situación. Este "animismo" interno puede ser bastante útil cuando se trabaja con niños y niñas.

Prescripciones de síntomas y de comportamientos

La terapia estratégica funciona a partir de tareas para realizar fuera del consultorio. Todas las versiones de este tipo de enfoque están más o menos de acuerdo en que los ajustes y cambios a la problemática se deben ensayar directamente en la vida real donde se pretenden solucionar y que el sitio de la consulta es una especie de centro de operaciones donde se asiste donde un experto que ayuda a la persona a entender dónde están los fallos de las soluciones intentadas y replantear las estrategias a partir de los resultados que se van encontrando.

Si bien en la consulta se pueden hacer importantes deducciones y construcciones mentales que reestructuran el sistema *"asociativo-proactivo-reactivo"* gran parte de la TBE depende de que las personas realicen actividades fuera de la consulta.

Lo que las personas deben hacer son tareas que habitualmente reúnen una serie de actividades o comportamientos que la persona debe realizar en escenarios más o menos planificados y controlados. A este conjunto de tareas se les suele llamar prescripciones de comportamiento. En otra gran cantidad de ocasiones la única prescripción de comportamiento es la prescripción del síntoma. Esto es mandar a hacer, en contextos controlados, el mismo síntoma que la persona vino a resolver a nuestra consulta. Esta intervención, que para terapeutas no habituados a esta forma de pensar, puede resultar totalmente descabellado, es una de las técnicas más potentes de la TBE.

Se fundamenta en el conocimiento antiquísimo de que "un clavo saca otro clavo" o "que lo similar cura lo similar". Una prescripción de síntoma típica es pedirle a la persona que se deprime que se deprima más aún.

El éxito de esta intervención depende de cómo se le vende al consultante, la intensidad con se aplica, la disciplina con que la persona es capaz de realizarla y el contexto planeado donde se envía a realizar. Por ejemplo en el caso de los miedos, lo que buscamos en la TBE es *exorcizarlos*. Para exorcizar en necesario convocarlos para que salgan y sean más visibles y poder echarles el "agua bendita" o poder separarlos del "poseído".[38]

El éxito de las prescripciones de comportamientos o de síntomas pasa también por ser muy efectivo en la comunicación. Por esto, y casi como una metodología para todos los casos, al final de la sesión pido a los consultantes que repitan cuál ha sido la instrucción que les he dado. Por supuesto está el riesgo de que las personas crean que se les está tratando como personas tontas o cortas, pero si se dice con cierto cuidado se convierte en un momento especial para reencuadrar la tarea.

Sabemos por el estudio de la comunicación que no basta con creer que el otro entendió para que el entendimiento se dé, o que el otro conteste un lacónico sí, para que el haya captado lo que queremos decir.

Habitualmente utilizo una fórmula como:

"sé que le puede parecer un poco extraño (técnica de la anticipación), pero para asegurarme de que va a hacer lo que le he pedido, le agradecería que me repitiera cuál es la tarea que va a realizar".

Y con esta estructura, las variaciones pueden ser infinitas...
"No quiero que piense que lo considero una persona poco atenta, pero sería importante que me repitiera la indicación que le he dado, y así nos aseguramos que va a hacer las cosas como las hemos planeado".

Por su importancia para mostrar la forma diferente de pensar y de actuar, describiré más ampliamente cómo suelo utilizar yo la prescripción de síntoma, especialmente para los casos de depresión.

---

[38] Espero que a estas alturas los lectores ya caerán en cuenta que este tipo de lenguaje sólo lo utilizamos donde creamos que tendrá un fuerte poder persuasor con el consultante.

Por alguna razón que no alcanzo a explicar suficientemente, el 60% de las problemáticas que he atendido se refieren a "depresiones". De ese 60%, el 90% corresponden a consultantes mujeres, así que sin quererlo o planearlo directamente puedo decir que he alcanzado cierta pericia en soluciones para mujeres con "depresión".

Prescribiendo la "depresión"

Algunas de las personas que han llegado a mi consulta con la etiqueta de "depresión", vienen diagnosticados por el aparato médico, pero la mayoría se han autodenominado de tal forma. Para describirlo de forma simple, las personas vienen con una sensación de tristeza muy grande, que se agrava con el paso de los días, y para la cual ninguna de las técnicas utilizadas habitualmente para salir de ella, están resultando eficaces. Algunas personas se medican con tranquilizantes o antidepresivos, otras personas han recurrido a soluciones de la medicina alternativa (acupuntura, homeopatía, sintergética), y la gran mayoría recurren a las soluciones que el sentido común sugiere.

Estas soluciones son "tratar de animarse" (hacer fuerza para animarse), atender las recomendaciones de familiares y amigos que tratan de mostrar (infructuosamente) que las razones que la están poniendo triste no son tan importantes, o que si lo son, siempre hay otras alternativas para seguir viviendo y salir de esa situación.

Muchos de los consultantes llegan a una importante amenaza de alteración de sus hábitos de vida: falta o exceso de apetito, insomnio o tendencia a dormir más de lo habitual, ausencias a los sitios de trabajo o de estudio, cortes en las relaciones interpersonales, inestabilidad emocional y otra serie de reacciones que configuran situaciones habitualmente llamadas "depresión". Con lo dicho hasta ahora, para mí poco importa si estas descripciones correspondes a un diagnóstico a cabalidad de la depresión, de acuerdo a los manuales de psicopatología. Sin embargo, está claro que en la exploración de la situación, fácilmente se puede detectar el nivel de complejidad que tiene la problemática.

He descubierto que una de las técnicas más poderosas del TBE es la prescripción de la depresión. Consiste básicamente en establecer un escenario específico donde la persona que presenta los síntomas, durante un tiempo determinado, se le manda a que se deprima a propósito.

El contenido intelectual de las depresiones, o sea los temas que ocupan la mente del consultante y que son recurrentes para mantener la situación emocional de tristeza continuada y en crecimiento, son variables y son una importante fuente de información a la hora de "vender" esta tarea.

Prescribir la depresión requiere habilidad para venderle la tarea al consultante. Primero porque en nuestra lógica tradicional, parece contraproducente que a una persona deprimida se le pida que se siga deprimiendo o que se deprima más. Segundo, porque cuando se suelta una prescripción de esta naturaleza, saltan todos los repertorios incorporados en la forma de pensar del consultante y de su entorno y crece el miedo de que un incremento de la depresión pueda llevar a situaciones irreversibles como el suicidio. Tercero, porque precisamente por estos detalles el terapeuta debe emplearse a fondo e hilar muy fino para que la persona acepte este tipo de indicaciones.

Técnicas básicas como la utilización del lenguaje y la postura del consultante, una actitud comprensiva ante la situación y ante la posible confusión que va a significar la indicación, una técnica de anticipación, pueden ser suficientes para que la persona acepte una prescripción tan aparentemente absurda para el sentido común.[39]

Prescribir la depresión se inscribe dentro de las técnicas que logras los objetivos tanto si se consigue deprimirse aún más como si no se consigue.

---

[39] Técnica de la anticipación. Descrita también en los libros de TBE de Palo Alto. Técnica heredada de las técnicas de venta según la cual al prever las posibles objeciones del cliente, el "vendedor" las desmonta previamente con argumentos que se acomoden a la cosmovisión del comprador.

Cuando la persona reporta que no sólo ha logrado sentirse mal a voluntad sino que se ha sentido aún peor fuera del tiempo de la tarea, ésta es una ocasión previsible e ideal para reforzar las ideas de la ondulación de los problemas humanos que hemos ya descrito. Es un momento también especial para "apalancar" la técnica de la prescripción de la depresión como un posible juego que se establece con esa "sensación" que parece tener vida propia y domina a la persona.

En este caso se puede hacer un ajuste para que aprenda a parar y hacer otra cosa en el momento en que tenga que parar. Por ejemplo, una vez que se acabe el tiempo (o suenen el despertador), haga 20 abdominales, ni una menos. Este ajuste puede variar creativamente dependiendo del caso y de la persona. El ajuste apunta a prescribir un comportamiento que es tan dispendioso, cansado, aburridor o difícil que el corte de la tarea, sea como sea, se convierta en la mejor opción. Esto significa que la mejor alternativa es parar de sentirse mal.

Deprimirse o provocar la conducta en un tiempo específico puede seguir este proceso:

1. Se envía la tarea, previa "venta" de misma. Ejemplo: Vas a sacar un momento todos los días a la misma hora para deprimirte a propósito. Es posible que en un principio te resulte un poco extraño, pero si sientes que tu depresión no se incrementa, es importante que recurras a todos los pensamientos más dolorosos que puedas imaginar a fin de que puedas cumplir con la tarea. Si aún así no lo logras, puedes buscar otros recursos que te ayuden a cumplir con la indicación. Puedes escuchar música, ver fotos, recurrir a cartas o escritos que te sintonicen con el tema central de tu tristeza. Etc. Etc. Cada terapeuta con su imaginación y con las particularidades de cada caso puede crear el escenario adecuado para que en definitiva la persona cumpla la tarea. Con la garantía ya mencionada: Tanto si puede hacer la tarea como si no lo logra, los objetivos terapéuticos del consultante se están cumpliendo.

Si logra deprimirse, se le refuerza felicitándole por su compromiso con su mejoría y con el tratamiento y señalándole que es posible que si esa sensación se puede mover a voluntad, es posible empezar a pensar y sentir que no es esa sensación la que tiene el control (y por tanto la persona no está a merced de ella).

Si no logra deprimirse, se le señala que posiblemente no está colocando suficiente fuerza, disciplina, compromiso, etc., en la ejecución de la tarea. Más que reforzarle se le expresa la preocupación por no lograr algo que lo único que necesita es un poco de dedicación.[40]

2. Con el reporte de que los "síntomas" han aparecido en otros momentos del día, se retoma la imagen de la ondulación, y que cuando vea que la sensación "X" viene, entonces debe parar lo que está haciendo y hacer la tarea en "pequeñito" durante 5 minutos.

La idea básica es que si esa sensación tiene el "poder" de llegar cuando quiera, sólo se podrá ir cuando el consultante lo permita.

Los temas afectivos, las perdidas y problemas existenciales de sentido de vida son algunos de lo más recurrentes en las situaciones catalogadas como depresivas. Los elementos desencadenantes de depresiones más "profundas" con componentes orgánicos, que han sido medicados también oscilan en una serie de temas. Es posible, y de hecho he atendido muchos casos de este tipo sobre todo en adolescentes, que sea una tristeza "inespecífica". La persona "un buen día" se empezó a sentir triste sin una causa aparente y la situación se fue generalizando hasta constituir un síndrome de depresión.

Tanto para situaciones con temas específicos como para los que no, la prescripción de la depresión es especialmente efectiva, si se tienen los debidos cuidados que hemos mencionado. Como en todos los casos, excepto en aquellos que la persona viene por obligación o

---

[40] Espero que se alcance a percibir el lenguaje paradójico que se está utilizando. Si se deprime más se felicita, si no lo hace se critica. Está claro que en este último caso es posible pensar en un inicio de remisión del motivo de consulta. Aunque en el caso de que la persona logre deprimirse, el devolverle el poder también puede reorientarse positivamente para detectar que la ésta podrá salir de su situación.

compromiso ante otra persona o institución, el sólo hecho de que la persona llegue a nuestra consulta es señal de que quiere hacer algo por su situación. Pasar de una posición comprensiva como terapeuta, a llevar a la persona a hacer "cosas" que supuestamente no son lógicas o van en contra del sentido común, requiere valentía y habilidad.

A lo largo de tiempo del tratamiento, que como hemos dicho suele oscilar entre 5 y 10 sesiones el problema de depresión debe remitir. Estoy seguro que no es sólo una virtud de la lógica inversa que se aplica en la solución sino que es una combinación que implica el haber conseguido la colaboración del consultante y una relación terapéutica de confianza que hace que la persona se "entregue" a estas ideas aparentemente descabelladas y que crean el caldo de cultivo ideal para que la técnica produzca su magia.

La técnica del "como si"

Esta técnica puede ser especialmente útil en personas que muestran dificultades de autoestima, problemas de rendimiento en alguna actividad, que están expuestas a situaciones sociales o personales donde se requiere que la persona desarrolle otras habilidades, por supuesto, contrarias a las que la persona que consulta dice tener.

Puede dársele muchas interpretaciones de por qué o cómo funciona, pero lo cierto es que funciona y de hecho creo que es la técnica básica que subsiste, sin ser explícita en todo proceso pedagógico y de cambio.

Consiste básicamente en que la persona se comporte de la forma en que espera comportarse, "como si" el problema ya estuviera resuelto.

No todas las personas tienen capacidades histriónicas ni para la actuación y por tanto, como hemos supuesto para todas las técnicas que estamos comentando, partimos del hecho de que hacemos, como terapeutas una adecuada venta de la misma, fundamentados en que hemos alcanzado un adecuado grado de persuasión y credibilidad ante la persona que nos consulta.

La persona que dice ser muy tímida se le expone a situaciones donde debe comportarse "como si" fuera una persona extrovertida y segura de sí misma en situaciones sociales.

Uno de los fundamentos subyacentes en esta técnica es la idea de que de tanto actuar "como si" la persona empezará a diluir la frontera entre lo que creía que era y la persona en que se ha convertido actuando de una manera más cercana a como quiere hacerlo.

En algunos casos, dependiendo de la persona que tengamos enfrente, esta prescripción de comportamiento puede hacerse de manera paulatina y con otras personas de forma más radical. Entre el terapeuta y el consultante deberán evaluar a qué se quieren atrever.

Otro de los fundamentos de esta técnica, está basado en la repetición. Está claro que si la persona no repite en diversas ocasiones y escenarios sus "nuevas" (fingidas o dramatizadas) cualidades no será posible diluir ese límite con la persona que no quiere ser o con la persona que tiene el problema que trajo a consulta.[41]

De alguna forma, la técnica del "como si" comparte estructura lógica con el fenómeno de la "profecía autocumplida" o de obligado cumplimiento, bastante mencionada en los distintos modelos de la TBE. La profecía autocumplida parte del temor de la persona de que algo desagradable ocurra. Se convence hasta tal grado de que dicha situación catastrófica va a ocurrir que empieza a tomar medidas desesperadas que finalmente llevan a que lo que temía ocurra.

---

[41] En el contexto social, una variación de esta técnica se vive en la vida pública de los políticos donde se usa la táctica de que a "fuerza de repetir una mentira" ésta se convierte en verdad.

Para poner un ejemplo, podríamos decir que en las personas con problemas para controlar los celos, la profecía autocumplida es especialmente evidente.[42]

La técnica del "como si" actúa de manera similar pero con un objetivo terapéutico positivo: La persona se comporta como si el problema no sólo no existiera sino que se despliegan nuevos comportamientos que llevaría a que nadie (al final, ni el mismo consultante) a pensar que tuviera tal problema.

Para ser más prácticos hagamos el siguiente ejercicio: Piense en un área de su vida social donde se sienta especialmente inseguro(a). Ahora trate de detallar cómo se comportaría una persona que no tuviera esa inseguridad. Ahora visualícese actuando de esa manera. Y por último ensaye en una situación real, hasta donde es capaz de comportarse de una manera diferente.

Nótese que una vez que se está ensayando el nuevo comportamiento en las situaciones amenazantes, la persona aún sigue sintiendo la misma aprehensión, sólo que está actuando, como el payaso que a pesar de que se le acaba de morir su padre, justo antes de empezar la función, tiene que salir al escenario a hacer reír a los espectadores.
Es una pantomima que el consultante sabe que es una pantomima. En este sentido, la técnica del "como si" se aleja de otras tendencias terapéuticas que invitan a la persona a que "se fuerce" a ser más seguro, o a que haga un estricto control de las órdenes mentales que debe seguir para comportarse como debe hacerlo en determinadas situaciones sociales. En la técnica del "como si", el terapeuta y el consultante pactan y diseñan un show donde los espectadores probablemente no conocerán la "verdadera" personalidad del actor o la actriz.

---

[42] Hemos desarrollado un sitio web especializado para el manejo de los celos. www.dominatuscelos.com

"Dando la espalda no se van los problemas"

Un artista panameño, famoso en Latinoamérica y otros países por ser uno de los grandes cantautores del ritmo de la salsa, Rubén Blades, en un tema dedicado a la familia a través de contar la historia de dos problemas que enfrentaban los protagonistas de la canción, menciona la frase "dando la espalda no se van los problemas".[43]

Es una figura que me ha resultado especialmente útil cuando, como decíamos, es necesario que las personas enfrenten sus miedos o cuando el intento de solución fallido es precisamente la evitación. Nardone, utiliza este proceso de enfrentamiento en problemáticas donde la contención es importante.

Una de las frases de Nardone "si te lo concedes (un gusto, un comida, etc.,) puedes renunciar, si no te lo concedes pasa a ser irrenunciable". Hace mucho tiempo ya Albert Ellis también lo había señalado en una de sus "ideas irracionales", cuando expresaba que uno de estos esquemas mentales tiene que ver con la idea de que es más fácil eludir que enfrentar las dificultades de la vida y las responsabilidades personales.

Como hemos señalado, enfrentarse a lo que nos provoca los miedos o los síntomas va en contravía del sentido común y necesita una labor de "venta" estratégica de las indicaciones. Para personas con un cierto grado de angustia que no le permite entender bien las instrucciones que se le están brindando, he utilizado una técnica que podríamos llamar de "desvalorización" de los argumentos del terapeuta. Es otra variación de la técnica de la anticipación, con algunos elementos dirigidos a provocar no sólo que la persona no se resista sino que además se disponga a la realización de la actividad, independientemente de que su sentido común lo acepte o su forma de pensar lo entienda.

Digo algo como:

---

[43] Nombre del tema: Amor y Control.

"Yo te voy a explicar algo acerca de la forma en que estás enfrentando tu problema, pero es probable que tu no me entiendas o algo dentro de tí, no me quiera entender, pero es mi responsabilidad decírtela. Si ahora no me lo entiendes no hay problema, yo te la vuelvo a explicar en otro momento y con otros recursos. No me interesa tanto el que me entiendas como el que te permitas ensayar otras cosas".

Y luego le digo lo que quiero que haga.

Esta comunicación que también tiene elementos de comunicación paradójica acepta la situación de confusión de la persona y antes de tratar de aclarársela, se le brinda un mensaje que recoge esta confusión y la utiliza en favor de los objetivos del consultante.

Otra variación, a manera de ejemplo puede ser en lo concerniente con personas con cistitis o estreñimiento.

Algunas personas tienen el ritual de ir al baño o hacer "pipí" o "popó" antes de salir a la calle desde casa. Se puede ensayar la sugestión, o la tarea para problemas de estreñimiento o de "cistitis" el que la persona simule salir de casa, o que se le "obligue" a salir de casa hasta la esquina, cuando sienta un mínimo llamado fisiológico. Por ejemplo las múltiples gestiones que una persona debe realizar se le pueden fraccionar. En vez de salir una vez, que salga 5. Esto multiplica la probabilidad de que el ritual "hacer del cuerpo" antes de salir de casa tenga más probabilidades de aparición.

No sobra decir que una exposición controlada ante la situación potencialmente dañina que se quiere cambiar, lleva a que el se revierta el circuito "asociación – proacción – reacción".

La técnica del experto y el terapeuta fantasma

No todos los terapeutas tenemos la suerte de que los consultantes lleguen porque han oído hablar de nosotros y por tanto vengan ya dispuestos a que el gran "Gurú" le resuelva los problemas. En general, las personas llegan y hacen una evaluación muy rápida del lugar, del barrio en el que se encuentra, de la decoración, de las personas que circulan por el consultorio, de la secretaria y de muchos detalles que en muchas ocasiones los terapeutas pasamos por alto.

De igual forma cuando la persona entra en nuestra consulta, como posiblemente todos los seres humanos hagamos, la persona hace una evaluación muy rápida de nuestros gestos y como hemos explicado se formará una imagen previa muy rápida para determinar si acaso se ha equivocado al venir a nosotros.

En ocasiones la juventud del terapeuta, su forma de vestir, sus gafas, una expresión o cualquier otro detalle aparentemente insignificante pueda ser la diferencia para que la persona se sienta en el lugar acertado. Muchas veces conjuga lo que ve con su problema y piensa algo como "este señor con esta 'X' no creo que tenga mucha experiencia en mi problema".

Por otra parte, la mayoría de los terapeutas tampoco han tenido la oportunidad de trabajar con coterapeutas que le ayuden a estudiar y a intervenir las problemáticas, y para quienes esta posibilidad sigue siendo imposible por cuestiones económicas o técnicas, posiblemente esto que les voy a comentar no tenga mucha aplicación.

La técnica del experto consiste en presentar al coterapeuta justo como un experto en el tema que la persona ha traído. Esto puede ser especialmente útil con personas desconfiadas y que su resistencia se manifiesta en pedir constantes verificaciones de la idoneidad del terapeuta. En ocasiones la llegada de este experto puede ser en la segunda sesión y en otras puede aparecer desde la primera. También puede ser una intervención puntual en un momento de la terapia, donde el experto pueda entrar y salir de la sesión.[44]

---

[44] Me imagino que ya habrá deducido que el "experto" puede o no ser realmente un "experto".

Para los terapeutas que trabajan en gabinetes o en centros de atención donde hay profesionales de varias disciplinas incluso se le puede pedir una explicación o un aporte a uno de ellos en un momento determinado haciendo un adecuado encuadre de lo que se quiere.

No sobra decir que este gesto de traer un experto, aunque no se quede en toda la terapia, es interpretado en muchas ocasiones como una muestra del interés del terapeuta en la situación del consultante, aunque también puede ser interpretado como ineptitud del terapeuta inicial y por supuesto esto puede dar al traste con la terapia. De nuevo es la intuición, el talento y el análisis de la situación lo que puede determinar si esta técnica puede ser útil.[45]

Cuando no es posible recurrir a un "experto" de carne y hueso, se puede utilizar la técnica del terapeuta fantasma. Se le menciona al consultante que por metodología, ante ese caso como el que nos comenta, siempre consultamos con otros terapeutas que tienen una extensa experiencia en estas situaciones. Este terapeuta o este equipo de terapeutas puede ser lo que necesitemos, puede ser un "experto", o un profesional que tiene otro enfoque teórico, o un grupo investigador que recientemente...etc.

En un momento determinado se utiliza este terapeuta fantasma para decirle que según el otro terapeuta... (tal cosa). O..."tengo una discusión con el otro terapeuta porque dice esto y yo creo lo contrario". Especialmente recomendado para consultantes cuestionadores, controladores, que ponen en duda el conocimiento del terapeuta. También para personas que juegan a sentir y decir que su problema es único y ponen en cuestionamiento que un sólo terapeuta sea capaz de resolverlo.[46]

---

[45] Incluso se puede pensar, que la persona "experta" hable en otro idioma o tenga un acento que revele que es extranjero. La creatividad del terapeuta es el límite.

[46] Con un poco más de imaginación, ante personas con profundas convicciones de fuerzas sutiles, espirituales y extrasensoriales, el terapeuta fantasma puede ser en efecto el fantasma de una terapeuta muy sabio al que invocamos o al que consultamos en momentos de meditación o de estudio de los casos.

Esta técnica es una variación a ideas originarias del grupo del MRI donde a la persona se le explicaba que detrás del cristal unidireccional había otros terapeutas que estaban ayudando a estudiar y a resolver el problema.

En ocasiones el terapeuta principal salía y volvía a la consulta diciendo, cosas como "mis colegas dicen que tal vez yo no he tenido en cuenta.... X". O utilizaban un telefonillo interno a través del cual los terapeutas, que por la fuerza de la situación parecían más expertos o como un consejo asesor, emitían sus ideas o prescripciones. Incluso se dio el caso de que el terapeuta que inicia el tratamiento no es el mismo que lo termina. En el estilo de formación de Nardone la ambivalente actuación del estudiante-coterapeuta, facilita en ocasiones esta figura doble de terapeuta sencillo-terapeuta experto.

Coterapeuta de su propio problema

Cuando se prescribe un comportamiento en muchas ocasiones se le pide a la persona que haga un proceso de "auto-observación", a fin de poder recoger aún mayor información que nos permite determinar qué es lo que está pasando. Cuando pedimos que el mismo síntoma o comportamiento se exacerbe en ciertas condiciones las personas no entienden por qué debe hacer algo precisamente para lo cual fueron a tratarse. Me ha resultado útil justificar estos procesos de "auto-observación" ante el consultante como que el va a servir de coterapeuta de su propio problema. Por ello es muy importante que sea muy específico y detallado en describir lo que le ocurre cuando está exacerbando o desplegando su síntoma. Esta técnica provoca que la persona adopte una nueva posición frente a su problema lo que le permite sentir que puede controlarlo. Pasa del papel de víctima indefensa al papel de observador casi "externo" que se "aleja" emotivamente de lo que le está sucediendo.

Terapia breve estratégica
y terapia constructivista

Para quien no lo sepa es importante señalar que conjuntamente con los desarrollos terapéuticos de terapia breve, se fue desarrollando el paradigma del llamado constructivismo radical. Si hace un exhaustivo seguimiento de Watzlawick, necesariamente llegará a toparse con el constructivismo radical. Yo mismo he escrito dos obras que si bien no podría decirse que hacen parte de ese "movimiento" filosófico, sí son afines a muchos de los principios e ideas que sostiene y promulgan los constructivistas. Mi camino fue el siguiente. Hice un artículo en 1987 acerca de la irrealidad de la realidad y se lo mostré a algunos de mis profesores de la Universidad, me dijeron, mira "esto está en sintonía con lo que escribe Paul Watzlawick en el libro es Real la Realidad". Leí el libro y efectivamente estaba en sintonía. Seguí a Watzlawick y llegué a los trabajos de Palo Alto. Seguí siguiendo a Watzlawick y llegué a la Realidad Inventada, una compilación donde se muestran los alcances del paradigma constructivista.

Como decimos en mi país de origen, yo "ni corto ni perezoso" y de forma casi espontánea me vi haciendo análisis constructivistas con mis consultantes. Ahora sé que existe una corriente de terapia constructivista, pero tengo que confesar que no la he estudiado suficientemente, así que no opinaré nada más de ella.

Lo que si sé es que me llegó a consulta una persona diagnosticada psiquiátricamente con trastorno bipolar y que en un par de sesiones a partir de un análisis mutuo de los elementos constitutivos de lo que se llama trastorno bipolar, la persona hizo un cambio muy importante en su vida, de forma duradera. Como en muchas otras ocasiones su médico no se lo explicaba, ni entendía cómo podía mantenerse bien, aún sin su medicación. Sé que a muchos les gustaría saber cómo lo hice, pero me he comprometido a que lo que contara en este libro fuera corto y para comentar todo el caso tendría que entrar en otras disertaciones epistemológicas que exceden mi propósito.

Baste decir que a partir de utilizar elementos estratégicos de la recolección de información, pudimos seguir un proceso circular de:

De-construcción/re-construcción/destrucción/construcción en el cual a través de un análisis de los elementos que sustentan la problemática y la manera tradicional de hacer los diagnósticos, se muestran sus fallos, sus paradigmas insuficientes y se reconstruye un nuevo mapa más positivo lleno de otras posibilidades.[47]

Esa misma línea de pensamiento y de actuación la he utilizado en casos de depresión, de problemas de relaciones de pareja, con adolescentes y en ningún caso me he sentido alejado de estar usando la TBE.[48]
No creo que esta reconstrucción sea algo ajeno a todas las terapias, sólo que una cosa sea decirlo como un concepto teórico y otra muy diferente es verlo actuar y que muestre sus resultados.

Este análisis está especialmente recomendado para personas profesionales o con un una gran capacidad intelectual o que vienen con bastantes conocimientos psicológicos.

En más de una terapia

Cuando la persona está en más de una terapia, se le pide al consultante, si esta posibilidad existe, que elija con quien trabajar, porque creemos que es contraproducente que la persona se someta a diferentes puntos de vista, ya se va a volver "loca" sin saber exactamente a quién obedecer. Esta situación que es más común de lo que parece, puede ser potencialmente estudiada y reestructurada en beneficio del consultante. Es posible que exista un diálogo entre terapeutas, que casi siempre serán de técnicas y epistemologías

---

[47] Esta consultante, después de haber pasado por varias hospitalizaciones debido a su trastorno bipolar, ha podido tener una vida satisfactoria y sin los obstáculos "propios" de este diagnóstico. Ambos emigramos a España y hemos podido mantener el contacto. Actualmente vive en Londres y hace un año que disfruta de su maternidad.

[48] La técnica del reencuadre descrita en la principal literatura del modelo original de la TBE no deja de ser una terapia constructivista o al revés.

diferentes, para tratar de llegar a un punto de encuentro, pero finalmente debe ser la persona quien elija con qué terapeuta cree que podrá encontrar mejores respuestas. Esto es diferente a las personas que asisten a terapia "psicológica" y a terapia "médica", donde se le esté medicando por un problema de otra índole que estén afectando o agravando el motivo de consulta de la terapia psicológica. Como deducirán fácilmente, si se rompen las barreras y las prevenciones entre profesiones y profesionales se puede ayudar a mucha gente.

En caso de una remisión o derivación directa, se agradece al otro profesional, pero se invita a la persona a empezar de cero. Si la persona manifiesta una gran admiración por quien remite, se valora su juicio y se agradece el tenernos en cuenta para su derivación.

El hablador

Ante el consultante que habla demasiado en consulta, que interrumpe continuamente, se puede hacer una prescripción de conducta en la misma consulta, pidiéndole que vamos a intentar hacer un pequeño ejercicio durante un tiempo de la consulta donde la persona va a interrumpir deliberadamente y otra parte donde se ha de controlar y dedicarse a escuchar. Si la persona no cumple con el pequeño ejercicio perderá la posibilidad de hablar y por cada ruptura de la norma perderá más tiempo para hablar.

En ocasiones el comportamiento que sostiene y refuerza el problema es precisamente esta pauta de la persona que puede deberse a un vicio de comunicación, de atención, de educación cultural o familiar o de simple cortesía. Esta técnica puede poner de manifiesto que la persona lo primero que debe hacer para desbloquear el sistema *"asociativo-proactivo-reactivo"* es aprender a escuchar o por lo menos parar de hablar.

En ocasiones se debe pedir a la persona en consulta o como prescripción del comportamiento silencio total (conjura de silencio, según Nardone), si la persona se pierde en una constante conducta de hablar demasiado. En otras ocasiones la recomendación puede ser hablar el doble, el triple.

Esto puede incluso puede hacerse extensible a que hable con extraños.

Consulta fuera del consultorio

Un tema que puede ser fuente de grandes discusiones entre expertos es si se puede hacer consulta fuera del consultorio. MI respuesta es simple y breve. En muchas ocasiones, con los debidos cuidados, dentro de un plan estratégico y sabiendo claramente para qué se hace, hacer la consulta fuera del consultorio no sólo es posible sino probablemente lo mejor que puede hacerse para ayudar a la persona.

Nuestras oficinas, con nuestra decoración de todos los días, con nuestros libros y accesorios en los mismos lugares, como la función de los coches, se convierten en una especie de armadura que nos revisten de una seguridad para poder hacer la intervención. Aprender a hacer terapia mientras se camina desprevenidamente por una calle, dando vueltas en un parque o sentados en una banca del mismo, en una mesa de una cafetería, etc., puede ser de un gran impacto para los consultantes. Si lo ensaya se dará cuenta que algunos se asustarán y otros se sentirán liberados. Como ya expliqué, en algunos casos aclaro en las primeras sesiones que lo que van a pagar no es por una hora de sesión o por un espacio de un edificio sino que pagan por encontrarse conmigo, y eso significa que la sesión puede tardar 15 minutos, hora y media, que podemos estar en el consultorio o que nos podemos desplazar a otro lugar.

Este comentario me recuerda que existen muchos profesores de la actualidad que están tratando de volver a la formas de enseñanzas greco-romanas, donde las disertaciones y las clases se daban en espacios abiertos o mientras se caminaba por el campo. Creo que una mirada a estas posibilidades puede ser muy "liberador" ya no sólo para el consultante sino para el terapeuta.

Un problema, más un problema, más otros

Cuando la persona que plantea un problema y empieza a solucionarlo, plantea otro se le puede reencuadrar diciéndole que nosotros cobramos por problema. Si atendemos un problema cobramos "X" y tenemos un porcentaje alto de conseguir el objetivo. Si atendemos dos problemas simultáneamente o cambiamos de problema, cobramos el doble pero reducimos a la mitad la probabilidad de conseguir objetivos. Si son tres problemas, lo triplicamos y dividimos por tres el pronóstico. Y así sucesivamente. Le decimos que ella (la persona) decide, pero que después de la tercera sesión, cuando sabremos que no hemos conseguido ningún objetivo, nosotros abandonaremos el tratamiento.[49]

Cuando la persona tiende a contarle a muchas personas sus problemas y a tratar de hacerle caso a todas, sugiero restringir esto a que por una temporada, mientras está en la terapia, no hable de su problema en otro contexto que no sea la consulta. Especialmente si hay otros especialistas opinando sobre el problema.

El sistema de problemas

Creo que aunque la TBE se aleja de las formas tradicionales de la terapia familiar sistémica, no deja de ser una terapia sistémica. Parte del problema de comprensión de algunas personas es que entienden que un sistema se forma con unidades externas. Los problemas al "interior" de la persona conforman un sistema de problemas que está regido por las mismas normas a las que están sometidos los sistemas. Entre ellas el principio de "cuando se cambia una parte se cambia el todo", es especialmente gráfico para sustentar la idea de que no es necesario actuar sobre todo el sistema para provocar un cambio efectivo y duradero. Cada problema actúa como un elemento del

---

[49] Creo que se pueden imaginar, que aparte de una cuantas risas las personas entienden que se deben concentrar en resolver un problema cada vez. Casi siempre con sorpresa descubren que el resolver ese problema les ha permitido resolver los "otros" o por lo menos tener elementos para hacerlo sin tener que pagar más a un terapeuta.

"sistema de problemas". Incluso más allá, si se quiere hacer un análisis más complejo, podemos llegar a distinguir que el sistema de problemas está constituido por pequeños subsistemas que a su vez tienen pequeños problemas en su constitución.[50]

En la aplicación de la técnica de la "personificación" de las sensaciones, se puede puntualizar que este "X" es muy hábil, muy listo, y que es posible que una vez que se resuelva el problema, salga otro. Una especie de cambio de estrategia del "alienígena" interno para seguir controlando la situación. Esta precisión responde a dos conceptos. Por un lado actúa como técnica de anticipación para que la persona no se asuste, porque suele suceder que cuando se resuelve el problema "principal" aparecen otros. Por otro lado responde a la regla de los sistemas según la cual, la tendencia al equilibrio del sistema, hará que al modificar una de sus partes otra parte reemplace su función dentro del mismo o se intente recuperar a la parte que ejercía dicha función.

Jajajá – jejejé – jijijí – jojojó – jujujú

La importancia del Humor en TBE lo expresaré en dos palabras "FUN" "DAMENTAL". ¿Cuál puede ser el efecto de una persona que viene con una gran depresión, si logra, por alguna razón propia de la forma en que se ha desenvuelto la sesión, reírse de cualquier aspecto de su situación? Pues la respuesta es fácil, un inicio de desbloqueo.

La TBE no es una "risoterapia". Pero incorporar el humor en el momento oportuno es vital para la empatía, para mejorar la capacidad de maniobra, para dar nuevas luces al problema y a la solución, para distender la situación. Algunos expertos dicen que reírse o sonreírse de sus propios problemas o de sí mismo es el inicio de la solución.

---

[50] Puede ser especialmente útil para algún lector echar un vistazo al paradigma de la complejidad de Edgar Morin.

Tal vez uno de los más célebres representantes de esta idea, no sé si para su gloria o su desgracia, fue Groucho Marx. Se necesita una mezcla de genialidad y capacidad de mirarse a sí mismo para decir cosas como:

"Jamás aceptaría pertenecer a un club que me admitiera como socio"

"Estos son mis principios. Si a usted no le gustan, tengo otros"

"Él puede parecer un idiota y actuar como un idiota. Pero no se deje engañar. Es realmente un idiota"

"Nunca olvido una cara. Pero en su caso, estaré encantado de hacer una excepción"

"Desde el momento en que cogí su libro me caí al suelo rodando de risa. Algún día espero leerlo"[51]

"Citadme diciendo que me han citado mal"

"Es mejor estar callado y parecer tonto que hablar y despejar las dudas definitivamente."

"¿Que por qué estaba yo con esa mujer? Porque me recuerda a ti. De hecho, me recuerda a ti más que tú"

"Disculpen si les llamo caballeros, pero es que no los conozco muy bien"

"No piense mal de mí, señorita. Mi interés por usted es puramente sexual"

Nuestra profesión está llena también de historias hilarantes:
Contestador automático del hospital psiquiátrico

---

[51] Espero que por lo menos en una ocasión y en no más de dos, alguien me diga lo mismo.

Gracias por llamar al Instituto de Salud Mental, la entidad más sana para sus momentos de mayor locura...

Si usted es obsesivo-compulsivo, presione repetidamente el número 1.

Si usted es co-dependiente, pídale a alguien que presione el número 2 por usted.

Si usted tiene múltiples personalidades, presione el 3, 4, 5 y 6.

Si usted es paranoico, nosotros ya sabemos quien es usted, sabemos lo que hace y sabemos lo que quiere, de modo que espere en línea mientras rastreamos su llamada.

Si usted sufre alucinaciones, presione el 7 en ese teléfono gigante de colores que usted y sólo usted, ve a su derecha.

Si usted es esquizofrénico, escuche cuidadosamente y una pequeña voz interior le indicará qué número presionar.

Si usted es depresivo, no importa qué número marque. Nada conseguirá sacarlo de su lamentable situación.

Si usted sufre de amnesia, presione 8 y diga en voz alta su nombre, dirección, teléfonos, número de identificación, fecha de nacimiento, estado civil y apellido de soltera de su madre.

Si usted sufre de indecisión, deje su mensaje ¿Después de escuchar el tono? ó ¿Antes del tono? ó ¿Después del tono? ó ¿Durante el tono? En todo caso, espere el tono.

Si sufre de pérdida de la memoria a corto plazo, presione el 9.
Si sufre de pérdida de la memoria a corto plazo, presione el 9.
Si sufre de pérdida de la memoria a corto plazo, presione el 9.

Si tiene la autoestima baja, por favor cuelgue. Todos nuestros operadores están atendiendo a personas más importantes que usted.

La magia del humor y de la risa. ¡Fantástico!

Robin Williams en la película Patch Adams hace unas intervenciones bastante elegantes basadas en el humor y en la posibilidad de lograr de forma divertida aquello que es importante para nosotros; en el asunto que nos ocupa, solucionar el problema de la persona que nos consulta.

Aferrados a un intento de solución

Si los consultantes tienen un intento de solución a la que se aferran a pesar de su ineficacia, recomiendo no dejarla de hacer de repente. Este intento de solución habitualmente muestra la postura de los involucrados en el problema y en las soluciones. Una recomendación útil heredada del modelo original del MRI es que no podemos cambiar *nada por nada*. Si la estrategia que le pedimos a la gente es que deje de hacer algo, no podemos simplemente dejar el asunto ahí. Es claro que ese comportamiento problemático está cumpliendo una función dentro del sistema, si lo cambiamos por "nada", perderemos la comprensión efectiva de lo que está manteniendo el círculo vicioso y con mucha probabilidad la persona volverá a las andadas. Es por ello que en términos generales en la TBE no creemos que para resolver un problema se requiera fuerza de voluntad, se necesita buena voluntad, o sea, disposición, actitud de colaboración.

Si le decimos a una madre que está atrapada en una escalada agresiva con su hijo que deje de pegarle, tendremos que diseñar algo que reemplace eso por otro comportamiento que cumpla con la función que la madre pretende cumplir al utilizar la agresión.[52]

---

[52] Seguramente las personas familiarizadas con la PNL ó NLP, podrán ver importantes coincidencias con algunos fundamentos básicos de esta teoría.

Metáforas, narraciones, comparaciones
y otras formas no lineales

Las formas lingüísticas no habituales están mejor explicadas en el libro "el lenguaje del cambio" de Paul Watzlawick, para mencionar sólo una referencia. Son muchos los que se ocupan de este tipo de comunicación y del poder que tiene en las terapias en general y en especial en la TBE. Ya Jay Haley, en su libro las "tácticas de poder de Jesucristo" hacía caer en la cuenta que parte del poder persuasor de este personaje radicaba en el uso de parábolas, comparaciones, paradojas e incluso contradicciones.

Por ejemplo decía "no vengo a cambiar los mandamientos" y acto seguido decía les propongo un mandamiento nuevo. Decía, "cuando les peguen poned la otra mejilla", el que quiera ser el primero que se haga el último", el que ayune que se vista bien y se perfume, que no haga ostentación de su ayuno vistiéndose con harapos, no se haga en las primeras filas del templo sino que se refugie en un rincón apartado. Etc.Etc.

Nardone es rico también en este tipo de lenguajes y su libro del arte de la estratagema trae unas figuras evocativas muy hermosas. Creo que aún están por desarrollar otras comparaciones que han mostrado su utilidad en otros ámbitos como la etología y que con un poco de creatividad pueden ser de mucha utilidad para la TBE. Me refiero al mundo animal que está lleno de figuras muy interesantes desde el punto de vista metafórico y como inspiración para desarrollar nuevas técnicas estratégicas.

Por ejemplo, el camaleón se funde en el ambiente, se camufla y cuando la presa detecta que no hay amenaza, llega una lengua pegajosa y acaba con su vida. La serpiente de cascabel mueve su cascabel desviando la atención para atrapar su presa.[53]

---

[53] He utilizado figuras literarias evocativas para ejemplificar situaciones o para ayudar a la comprensión del círculo vicioso de algunos problemas, pero además he prescrito tareas consistentes en comportarse como un animal o en utilizar las estratagemas de algunos animales.

La narrativa de historias, cuentos, crónicas ha sido un recurso lingüístico de la humanidad bastante poderoso. Todos los grandes líderes religiosos han recurrido a ellos y de manera genial Milton Erickson en el campo de los problemas y cambios humanos. No debe confundirse la utilización de narraciones con lo que hoy se conoce como Terapia Narrativa, que aunque están relacionados los fundamentos del poder de tales técnicas, tiene un campo de investigación y actuación particular y cada vez más extenso.

Según Alice Morgan "la Terapia Narrativa es una aproximación a la psicoterapia y el trabajo comunitario, que se centra en las personas como expertas en sus propias vidas y que pueden ver sus problemas separados de ellas. La Terapia Narrativa asume que las personas tienen muchas habilidades, competencias, creencias, valores, capacidades y recursos que los pueden ayudar a reducir la influencia de los problemas en su vida personal. La palabra "narrativa" hace referencia al énfasis que se pone en las historias de las vidas de las personas y las diferencias que se pueden lograr a través de formas particulares de relatar y volver a crear dichas historias. La Terapia Narrativa incluye formas de comprender las historias de las vidas y la forma de recrearlas en un trabajo colaborativo entre el terapeuta o trabajador comunitario y el consultante. Es una forma de trabajo que se interesa en la historia, el contexto circundante que está afectando la vida de las personas y la ética o política de la terapia. Estos son algunos de los temas que dan cuenta de lo que se conoce como "terapia narrativa". Por supuesto, cada persona se enlaza con estos temas a su propia manera. Algunos prefieren las "prácticas narrativas" en lugar de "terapia narrativa" ya que piensan que la frase "terapia narrativa" es un tanto limitante para un término que se encuentra en constante proceso de transformación y que se va ligando a muy diferentes contextos".[54]

No cabe duda que existen historias poderosas dentro de las personas que se pueden ejemplificar con aquellas que la tradición oral ha traído desde tiempos ancestrales o que se están construyendo en la actualidad.

---

[54] Morgan, Alice. ¿What is Narrative Therapy?. Dulwich Centre Publications 2000.

Técnica del psicólogo canalla

- Sabe, doctor, es que estoy en una encrucijada. No sé si separarme o seguir con mi marido.
- Bueno, mire, la verdad yo trabajo para ayudar a las personas a solucionar los problemas que me traen las personas. ¿Qué es lo que quiere salvar su matrimonio o acabar con él?. Yo puedo ayudarle en cualquiera de los dos sentidos.

La técnica del "psicólogo canalla" es una representación teatral ante el consultante que no sabe muy bien qué clase de solución es la que quisiera. El terapeuta se coloca en un papel de cómplice, de alcahuete, del genio de los deseos. ¿la persona quiere hacerle daño emocional a una pareja que la abandonó?. Bien pues el psicólogo canalla le puede ayudar. A partir de la reflexión de múltiples posibilidades se lleva a la persona a ver la situación de su deseo de venganza a identificar cuál puede ser una solución realmente efectiva. Ir por este camino tiene sus riesgos profesionales pero si se establecen algunas normas, es bastante efectivo. Una de las normas principales es que no se puede producir daño real, ni físico, ni psicológico, ni económico, ni social, cuando el asunto se plantea de esta forma. Se trata de encontrar maneras de que la persona se confronte con esos deseos y replantee su manera de abordar la situación. Otra norma es que la única persona responsable de las posibles consecuencias es el consultante y que en caso de confrontación de la versión, negaremos cualquier implicación.

Otra norma es mostrarle a la persona que planear estrategias que involucran a otros que no tienen "velas en el entierro", puede traer consecuencias que debe asumir. El escenario se pone en un marco conspirador que puede ser muy atractivo para la persona pero que se le confronta con consecuencias tan graves que la persona opta, también bajo su responsabilidad por orientar la terapia hacia lo que ella puede cambiar sin involucrar maquiavélicos planes para otros.

Cuando en ocasiones se atiende a las personas involucradas en una misma situación, se pueden establecer pactos secretos con una y otra parte. Si lo haces muy bien, funciona de forma muy efectiva, si no has logrado ganarte la confianza individual de los involucrados, quedas en evidencia y las prescripciones propuestas se van al traste.

A pesar de la delicada línea ética que puede separar estas intervenciones de los que los cánones de comportamiento social y profesional puedan sugerir, la técnica del psicólogo canalla se usa bastante en las terapias con lo adolescentes. De hecho no pasa mucho tiempo para que las personas involucradas se den cuenta que están haciendo parte de un juego diseñado por aparte con la figura del terapeuta como factor común. Si el juego lleva claramente a la resolución de los problemas, perfecto, si no lo hace, habrá que replantear la estrategia si aún hay tiempo y los consultantes no abandonan.

Trabajar con los supuestos de los consultantes, no con los del terapeuta o con los de la sociedad

En muchas ocasiones los terapeutas parten de supuestos sociales dados que delimitan la intervención. Por ejemplo, Nardone para encuadrar algunas intervenciones dice "la rabia es el fantasma del olvido".

Este tipo de marcos puede verse como una indicación simple, pero desde mi forma de actuar significa llevar a las personas a una determinada forma de ver el problema. Se corre el riesgo de ir en contra de la misma técnica de la TBE ya que si aceptamos la propia definición del consultante, luego nos podemos confundir si lo que intentamos es que la persona acepte este tipo de estereotipos conceptuales que le presentamos. Sin desconocer que en momentos puntuales este tipo de supuestos pueden ser muy estratégicos, mi perspectiva es mucho más desestructurada; no parte de supuestos dados socialmente sino de aquellos que la persona quiere creer.

En ocasiones utilizo verdades que pueden ser útiles para provocar un efecto, no porque sean verdad, sino porque se quiere que sean verdad.

Competencia e Incompetencia profesional

El terapeuta debe reconocer sus limitaciones y aunque sepa manejar muy bien la técnica, debe tener claro o aprender qué tipo de problemáticas puede o quiere atender. Habitualmente puede ser muy estratégico decirle al consultante o a su entorno que su problemática excede las posibilidades del terapeuta. De hecho en el encuadre de la primera sesión, sugiero que "esta primera sesión permitirá determinar si la problemática es de mi competencia o no". En ocasiones digo que sí, en otras digo que no; en otras digo que habitualmente no atiendo este tipo de problemáticas aunque creo que tengo un par de ideas útiles que podrían ayudar; en otras utilizo una técnica retadora donde digo que es de mi competencia pero "creo que usted tiene un mal pronóstico y no quiero hacerle perder su tiempo y su dinero, ni el mío tampoco". Todo depende de qué tipo de resistencia, qué tipo de lenguaje, qué tipo de problemática, y por qué no, qué tipo de intuición (ojo clínico) tenga en ese momento.

3. FORMACIÓN

"No obstante, podemos cambiar nuestro modo de pensar, examinar primero nuestra parte en el sistema, después nuestros modelos mentales, tener e cuenta nuestros retrasos temporales y ser conscientes de que no podemos de ninguna manera librarnos de las consecuencias de nuestros actos. Al cambiar nuestro modo de pensar, cambiaremos también nuestro comportamiento en un bucle de refuerzo que, a su vez, cambiará nuestro modo de pensar..., y así llegaremos a tomar decisiones más acertadas. Nunca alcanzaremos el punto en el que sepamos todo de algún campo concreto, bastará con saber lo suficiente"
O'Connor y McDermott[55]

Formación para terapeutas de terapia breve estratégica (integrativa)

¿Y si me come un cocodrilo?

Si te dejan abandonado en una tierra desconocida y con pocos recursos, te ves ante decenas de dilemas que debes resolver y decisiones que debes tomar sin saber exactamente si las que has elegido son las correctas. Desde paralizarte hasta desplegar habilidades propias de un soldado miembro de un Comando de Fuerzas Especiales de algún país desarrollado, las posibilidades de reacción son múltiples. Con seguridad en ese espectro entre extremos, los terapeutas estaríamos más cercanos a la parálisis que al despliegue de habilidades de supervivencia. ¿Qué haremos? ¿Le diremos a un cocodrilo que comprendemos que se sienta rechazado por los estándares de belleza tradicionales esperando que esa empatía nos salve del mordisco? Pero estos extremos entre parálisis incompetente y acción competente tienen una mirada adicional, "el tercero" supuestamente excluido. Es estratégico ante el cocodrilo

---

[55] O'Connor Joseph e Ian McDermott. Introducción al Pensamiento Sistémico. Urano. 1998. Pág. 265.

moverse o quedarse quieto. Esto ya no es una decisión simplemente, es una meta-decisión. Estamos decidiendo sobre la decisión misma. Esto es la estrategia.

La mezcla compleja

Ahora ¿podemos entrenarnos para sobrevivir en una "terra nova"? Por supuesto que sí. Pero eso no evita que algunas personas tengan más capacidad para asimilar y enseñar su entrenamiento y a otras les costará más. Es una mezcla compleja de variables. Entendemos por *mezcla compleja* aquella que implica interdependencia entre las partes y posibilidades exponenciales de resultados. La *mezcla compleja* se da entre "que se nazca con algunos rasgos que te faciliten el desarrollo de ciertas habilidades" y que se tenga la capacidad suficiente para asimilar un determinado entrenamiento". A estas dos variables les sumamos las herencias e influencias culturales, las capacidades cognitivas, el manejo emocional, la situación histórica particular en el momento de actuar. (No es lo mismo que nos dejen en una tierra inhóspita cuando acaba de morir el amor de nuestra vida que si sabemos que al salir de ese atolladero no volveremos a encontrar con esa persona). Y a estas variables le añadimos las del ambiente donde se instruye y las del instructor.

"El que no cambia, al menos, al ritmo que cambia el cambio, lo cambia el cambio"

Vamos a asumir que en la tierra de la psicoterapia haya participantes en proceso de formación o ya formados que sostengan que el cambio no es posible (cosa bastante paradójica, pero los seres humanos somos seres extraordinarios) y que a lo máximo que podemos aspirar es a un proceso de adaptación tanto a nuestro entorno como a nuestros síntomas. Para que yo pueda darle sentido a lo que digo, voy a asumir, además, que esa adaptación es ya un cambio, porque sin creer en el cambio nuestra profesión carecería de sentido. No sólo creer en la posibilidad del cambio en las personas que atendemos sino en la de desarrollar nuevas habilidades que nos hagan más efectivos como terapeutas.

Del parvulario al
Comando de las Fuerzas Especiales

Una persona psicoterapeuta puede ser entrenada en lo básico para moverse y sobrevivir. Este entrenamiento lo deberíamos recibir en los claustros de estudio, pero rápidamente nos damos cuenta que a pesar de las buenas intenciones, lo que nos enseñan en la facultad no es suficiente y requiere que nos sigamos preparando por nuestra cuenta o con ayuda de otras herramientas. En nuestro ejemplo, es posible que en la academia nos enseñen la importancia de tener una navaja suiza, pero no a cómo usarla.

Del entrenamiento básico al especial y/o específico se requieren ciertas decisiones, pero aún estamos en el campo de lo posible, de lo que se puede desarrollar. Sé dónde comprar mi navaja suiza, sé cuáles herramientas tiene y sé además cómo usarlas.

La Terapia Breve Estratégica propone una nueva forma de entender la relación entre la génesis de los problemas humanos (internos y de relación), su persistencia, los intentos de solución y la solución propiamente dicha.

Esta propuesta de la TBE requiere que quien quiera aplicar el modelo de manera efectiva replantee sus recursos básicos, ya que con seguridad, con éstos no será posible enfrentarse al cocodrilo o a las "barracudas", como diría Joel Bergman en su libro "Pescando Barracudas".

Este es un puente...
se usa para subir y atravesar la calle
para llegar a otro lado.
(Atribuido al Alcalde de la Ciudad de Lagos de Moreno
en el estado de Jalisco)

Infortunadamente, casi todos los modelos de formación en ésta y otras corrientes terapéuticas están orientados a desarrollar la habilidad de la aplicación del modelo mismo (que es, por supuesto, necesario), sin una atención especial a la "mezcla compleja" de la que hablamos.

Con bastante frecuencia encontramos que para aprender a pensar creativamente usemos casi todo el tiempo de enseñanza en hablar "sobre" la creatividad y no en retar y potenciar nuestros recursos creativos.

Para decirlo de una manera más breve y consecuente con la lógica no ordinaria de la TBE, puedo afirmar que para desarrollar habilidades en Terapia Breve Estratégica se debe dejar de hablar de Terapia Breve Estratégica.

La esencia de la Filosofía de Sun Tzu (autor del legendario libro El Arte de la Guerra), y casi con seguridad, con la cual están de acuerdo todos los teóricos de la TBE sobre la guerra descansa en dos principios: La estrategia es superior a la violencia (El Arte de la guerra se basa en el engaño [I-18]) y la inteligencia mejor que la brutalidad (El supremo arte de la guerra es someter al enemigo sin luchar [III – 2]). Tomado de "El Arte de la Guerra" de Jack Lawson.

Estos dos principios deben quedar más o menos claros para quien se introduzca en esta forma de hacer terapia (además, ya se dice en el nombre). Lo que nos interesa es *¿Cómo preparar a los estrategas? ¿Cómo dotarlos de habilidades que les permitan dinamitar sus propios laberintos lógicos?* De nuevo, es sobrevolar sobre la misma lógica de la lógica y la misma lógica de la "lógica no ordinaria". Nos interesa es saber cuándo es estratégico usar la estrategia y cuándo no. Cuándo es más estratégico "usar" la brutalidad y cuándo la inteligencia.

¿Tendremos todos la capacidad de sobrevolar nuestra propia lógica para sacar el máximo provecho de nuestra navaja suiza en aras de la consecución de los objetivos de quien nos consulta? Creemos que sí, pero requeriremos de academias más osadas y más cercanas a la realidad concertada. Y si las instituciones no dan el salto, requeriremos de profesionales capaces de re-inventarse.

Ya hemos vuelto a nuestra ceguera... "si quieres ver, aprende a actuar", como dijo Heinz Von Foerster Hablamos en lugar de hacer.

Será fácil saber si hemos sobrevivido en la "terra nova". Si estamos vivos es que hemos sobrevivido y si no… es que no.

En la TBE…*Si camina como un pato, grazna como un pato, tiene forma de pato, no es necesariamente un pato.*

¿Seguro que soy un oso polar?

Un viejo chiste sitúa a un pequeño oso polar que le pregunta a la madre:
- Mami, ¿estás segura que soy un oso polar?

La osa le contesta:
- Claro hijo, eres un oso polar, como yo.

El osezno se ratifica en su pregunta:
- Pero…¿segura, segura que soy un oso polar auténtico?
- Síííí, -contesta la mamá osa, que empezaba a desesperarse.

El osito, sin estar del todo convencido, vuelve sobre lo mismo:
- Pero mamá ¿Segura, segura, segurísima que soy un oso polar genuino y auténtico?

Ya desesperada la osa le contesta:
- Síííí, segurísima, ¿por qué lo preguntas?

A lo que el osito contesta:
- …porque tengo mucho frío…

Incorporar una nueva forma de hacer terapia, requiere desarrollar otra serie de habilidades diferentes a las que las facultades de psicología y psicoterapia generan. Vale decir que muchos centros formativos se limitan a decir qué es lo que se debe hacer pero dedican poco tiempo a un verdadero entrenamiento en las técnicas terapéuticas. Los períodos de práctica antes de la graduación, en muchas ocasiones significan que el alumno con un montón de información en la cabeza sale ensayar más o menos, como puede, lo que ha estudiado en los libros. Los procesos de supervisión por parte de profesionales más expertos no son del todo efectivos porque en ocasiones se convierten en sólo un reporte de qué has hecho y "haz esto", pero se escapa también el proceso de entrenamiento propiamente dicho. Muchas técnicas y adquisición de habilidades se aprenden fuera de las universidades, en masteres y postgrados particulares, que se han dado cuenta de esta falencia.

Nardone ha incorporado un proceso de entrenamiento muy efectivo en la medida en que el coterapeuta entra a las sesiones con él y hasta que el maestro no se da cuenta de que el alumno está preparado, no le permite una mayor injerencia en los casos. [56]

Este método ya lo daba por sentado el modelo original diseñado por el grupo de Palo Alto, que a su vez lo recogía de la Terapia Familia Sistémica, ya que en su momento parte de la técnica de la terapia breve exigía que hubiera más de una mirada profesional en los casos y por tanto estaba sentada desde el mismo modelo la posibilidad de que terapeutas noveles pudieran estar dentro de las sesiones o detrás del espejo unidireccional.

En la vida "real" y por motivos que tienen mucho que ver con el tema económico, contar con un coterapeuta es complicado. Sin embargo en los centros de entrenamiento y formación esta posibilidad ha de ser tenida en cuenta y puesta en práctica. Sólo quienes hemos tenido la oportunidad de trabajar con varios terapeutas en un caso podemos sentir lo agradable que es ver varias perspectivas y tener una retroinformación inmediata acerca de qué alternativas se pueden tener de la solución del problema y del desempeño del terapeuta. Filmar las sesiones permite, tanto si se tienen varios terapeutas como si se trabaja solo, la posibilidad de hacer una revisión exhaustiva de los detalles y preparar más estratégicamente si se puede la sesión siguiente.

Más allá de estos aspectos nos queda la pregunta ¿Cómo debe formarse un terapeuta breve estratégico? ¿Qué tipo de habilidades especiales o particulares debe tener? En el caso del modelo de Nardone, ¿basta sólo con conocer y seguir a pie juntillas el protocolo para cada caso? [57]

---

[56] Un viejo proverbio oriental dice que cuando el alumno está preparado el maestro aparece.

[57] No hay que debatir demasiado las respuestas. Este hecho guarda similitud con las recetas de cocina. Allí están descritos los ingredientes para determinado plato y las formas de combinarlos y los tiempos de cocción, pero dos o más personas haciendo la misma receta tendrán resultados parecidos pero diferentes. De nuevo aquí hace su aparición, la "mezcla compleja".

He tenido la oportunidad de compartir y debatir muchos de los principios de la TBE y de las modificaciones que a través de mi propia experiencia he realizado y que he tratado de sintetizar en este libro, a través de dos niveles de formación para Psicólogos de la Universidad de San Buenaventura, en Medellín, Colombia y a través de la supervisión y formación de estudiantes de psicología, en periodo de prácticas en esta misma universidad a lo largo da varios años. Esto sumado al master en Terapia Estratégica Breve realizado en Barcelona y supervisado directamente por Nardone, me ha ratificado en las ideas que quiero compartir con respecto a cómo formarse en TBE. No deja de ser una propuesta y para muchos una osadía, pero me gusta este modelo y quisiera que quien lo utilizara fuera cada vez más breve, más estratégico y más efectivo. Así que permítanme esta licencia.

Se nace o se hace

Como en la mayoría de las actividades humanas que requieren habilidades actitudinales, aptitudinales y destrezas físicas, se plantea la dicotomía de si se nace con estas predisposiciones o se puede formar a las personas para desarrollarlas. Esta dicotomía es falaz, a mi manera de ver. Mi respuesta es que se nace y se hace. Sabemos de tartamudos que se han convertido en grandes oradores, por ejemplo. Muchos técnicos de fútbol de primera división nunca fueron futbolistas profesionales y consigue resultados más que aceptables. Los que hemos tenido oportunidad de ver a Ronaldinho (por mencionar sólo a alguno) en videos de cuando era niño, hemos visto cómo este personaje ya tenía unas habilidades especiales en la manera de mover el cuerpo y relacionarse con el balón de una forma extraordinaria. ¿Podemos aprender a ser Ronaldinhos? Posiblemente. Hablemos más bien de rangos.

Como en la cita que precede este capítulo lo sugiere, existe un rango de suficiencia profesional para conseguir un número más que aceptable de éxito de casos resueltos en TBE o en cualquiera otra actividad. Creo que es posible prepararnos para estar en ese rango, pero también reconozco que posiblemente necesitamos un cierto "toque divino" para alcanzar la genialidad terapéutica de un Milton Erickson o de genialidad humorística como la de Groucho Marx. Por otra parte, es probable que todos y todas tengamos un cierto nivel de genialidad en algún área que puede ser reconducida a la aplicación de la TBE. No nacer con ese "toque divino" no debería ser excusa para quien tiene un deseo sincero de aprender y aplicar el modelo.

Quien no conoce su historia está condenado a... (Formación histórica)

Se trata de hacer una revisión bibliográfica de los libros y las investigaciones que han detallado los diferentes modelos de TBE, de las corrientes científicas y de pensamiento que han aportado a que se creara este modelo y de las últimas producciones al respecto.

Sin esta formación histórica se puede perder la perspectiva de la importancia del modelo en su contexto científico y puede llevar a inducir a imprecisiones para quienes necesiten apuntalar "epistemes", filosofías y "saberes".

Aprendí a montar en bicicleta por correspondencia (Formación práctica)

Heinz Von Foerster, inspirador y uno de los principales autores del Constructivismo Radical expresó magníficamente los alcances de la incorporación de nuevos mapas en nuestro comportamiento. Dijo "si quieres ver aprende a actuar". Ya se sabía esto desde tiempos inmemoriales, a amar se aprende amando, aprender a montar en bicicleta se aprende montando en bicicleta. Nuestra lógica ordinaria "occidental" sugiere que por lo menos algunas instrucciones iniciales pueden ser útiles, pero la humanidad también se ha encargado de demostrar innumerables veces que las personas a través del método del ensayo-error construyen conocimiento. Es importante que la persona que quiera aprender a hacer TBE esté acompañada por una profesional con mucha mayor experiencia, un docente o terapeuta experimentado que pueda ser su modelo inicial o que pueda indicarle los ajustes que debe hacer sus intervenciones, aunque esto tampoco nos libre de los fallos una vez que ya no estemos con nuestro mentor. Es claro para mí, que esto no es suficiente. Se corre el riesgo de hacer lo mismo que el experto, sin reconocer en su totalidad el para qué se hace, limitando posiblemente la creatividad o incluso incorporando vicios en la intervención que hacían parte del estilo del experto. Más aún, el hecho de que a través de que en un proceso de modelamiento profesional, el terapeuta entienda "racionalmente" cómo se producen los cambios pero sea incapaz de generar esos cambios por sí mismo. En otro libro he mencionado con más detalle que una cosa es pensar sistémicamente y otra muy diferente actuar y vivir sistémicamente. [58]

En el caso que nos ocupa, podríamos decir que es posible que los aspirantes a ser Terapeutas de TBE entiendan "racionalmente" cómo funciona la lógica no ordinaria, pero sean incapaces de pensar de esa manera. La pregunta aquí sería entonces, ¿cómo puedo formar a otro para que piense, *y actúe*, estratégicamente?[59]

Contradicción pedagógica

Desafortunadamente para la TBE, porque retrasa demasiado el proceso de asimilación de conceptos claves, es necesario utilizar la lógica ordinaria para explicar la lógica no ordinaria, subyacente en las intervenciones estratégicas. Para tocar un poco el tema epistemológico, los formadores debemos partir de una lógica lineal para explicar una lógica circular multidimensional. Nos encontramos ante dos niveles de realidades que hacen muy lento para quienes se forman alcanzar a ver la "magia" de la TBE. La mayoría de los aprendices, casi siempre psicólogos o personas relacionadas con disciplinas que utilizan lógicas ordinarias, lo que intentan hacer es llevar a su terreno las técnicas. Suele ser inevitable que ante una

---

[58] Montoya, Sergio. La Espada del Augurio. 2003. Edit. Creating Links & Advanced Services.
[59] Algunos métodos adicionales de formación práctica son la discusión de casos, el visionado de sesiones, la supervisión individual.

técnica en particular los profesionales digan cosas como "ahh, sí, esto es lo mismo que...., sólo que con otras palabras". Por supuesto que muchas técnicas e ideas pueden tener relación con otras, pero al no permitirse que se contextualicen en esta lógica no ordinaria, pueden no entenderse o no alcanzarse a ver la potencia de la técnica o de la intervención.

Recomiendo en este punto la bella historia de Planolandia que aparece en el libro de Watzlawick ¿Es real la Realidad?, donde podrán ver con más detalle qué es lo que les estoy explicando.[60]

Expresado de otra manera, también en otro de mis libros, llego a la conclusión de que debo pedirles a los lectores que asuman que lo que estoy diciendo es real para que puedan entender que lo que digo, es una mentira. Textualmente "necesito que sean reales para que se den cuenta que son una fantasía.[61]

Esto nos deja en una complicada posición frente al proceso de formación. Es inevitable utilizar el lenguaje positivista, lineal, determinista, pero es importante avanzar y explorar otras vías de formación para que las personas puedan llegar a desarrollar un pensamiento y una actuación en una lógica no ordinaria.[62]

¿Qué otras vías existen?

Vamos a ello.

---

[60] Watzlawick, Paul. ¿Es real la realidad? Herder, 1979. Págs. 222-226.
[61] Montoya, Sergio. LA CULTURA DE LOS ENGAÑADOS. Edit. SOCIEDAD RAZONES SOÑADAS, 1998. Pág. 9.
[62] Creo importante advertir que esto conlleva el riesgo de que si la lógica que Nardone llama no ordinaria se contrapone en algunos sentidos a la forma tradicional de entender los problemas humanos y por tanto el leguaje utilizado por la ciencia tradicional, es posible que a tu trabajo se le califique como poco científico, arriesgado o incluso desaconsejable. Por otro lado, puede aparecer el calificativo de anormalidad cuando te decides a denunciar la ilógica de la lógica.

Desarrollo de la creatividad

Por extraño que pueda sonar, muchos terapeutas son poco creativos. Digo extraño porque un terapeuta, casi por exigencia de su cotidianidad, necesita ser muy creativo. Incluyo también en esta categoría, las habilidades para la innovación y recursividad como aspectos fundamentales para poder aplicar la TBE. Este aspecto puede entrar en choque con la protocolización que hace Nardone, donde, a partir de la experiencia se deben aplicar unas técnicas en detrimento de otras que en sus investigaciones han demostrado su escasa eficacia, con el ánimo de que la terapia siga siendo breve. La consigna es, no pierdas tiempo, sigue el protocolo.

Para ser creativo es necesario asistir a talleres de creatividad y como consecuencias de éstos o paralelo con éstos, hacer una revisión del estilo de vida para transformarlo en creativo. ¿O cabe pensar que una persona rutinaria, con patrones estrictos de comportamiento personal y profesional, puede ser un buen terapeuta estratégico? Es posible, pero....

Habilidades interpretativas

Las otras grandes habilidades que considero necesarias para formarse en TBE son las interpretativas. La terapia es un escenario, como la vida misma, donde cada uno representa un papel, sólo que la mayoría de las personas no lo reconocen o no lo ven a través de este modelo explicativo. En TBE reconocerse un actor o una actriz es para mí fundamental. Las sesiones y los consultantes requerirán, dependiendo de su problemática que algunas veces te muestres comprensivo y otras incluso hasta lento para entender. Unas veces necesitan un profesional aparentemente muy serio y estricto y otras veces un profesional que relativiza las teorías en aras a empatizar con la persona que tiene enfrente.

Para interpretar hay que estudiar interpretación. Tampoco es necesario convertirse en actor o actriz profesional, pero si permitirse un taller o curso de esta materia o de otras como "clown", mimo, expresión no verbal, manejo de la voz. Contar una historia con un adecuado manejo de la voz, de la entonación, de las pausas, puede ser suficiente para provocar un desbloqueo del sistema asociativo-proactivo-reactivo.

Pensamiento lateral

El británico Edward de Bono, ha descrito de manera magistral cómo es necesario desarrollar el pensamiento lateral. De Bono ha dicho por ejemplo "No siempre es posible eliminar la causa de un problema, por lo que hay que resolverlo diseñando el camino hacía adelante, aunque la causa permanezca en su sitio."

El término "Pensamiento Lateral" fue acuñado por **De Bono**, en 1967, para diferenciarlo del pensamiento lógico, al cual llamó "Pensamiento Vertical". De Bono encuentra en el pensamiento lógico (fundamentalmente hipotético deductivo) una gran limitación de posibilidades cuando se trata de buscar soluciones a problemas nuevos que necesitan nuevas ideas.

Los dilemas del pensamiento lateral son situaciones extrañas para nuestro cerebro y requieren una explicación. Cuando exponemos algo que debe ser resuelto, parecen muy difíciles de solucionar, pero al final, al conseguirlo, generan gran placer de logro.

Pensar lateralmente evitando lo lógico o lo obvio se podrá convertir en una excelente herramienta para enfrentar viejos y nuevos problemas con nuevas ideas. El Pensamiento Lateral actúa liberando la mente del efecto polarizador de las viejas ideas y estimulando las nuevas y lo hace mediante la astucia, la creatividad y el ingenio, procesos mentales con los que está profundamente unido. En vez de esperar que estas tres características se manifiesten de manera espontánea, De Bono plantea el uso del pensamiento lateral de manera conciente y deliberada, como una técnica.[63]

---

[63] Más que a libros los remitimos a la Web Oficial de Edward de Bono: http://edwdebono.com/

En sus libros De Bono describe una serie de técnicas y ejercicios para desarrollar el pensamiento lateral.

Por supuesto, sin saberlo o sin llamarlo así, muchos genios creativos piensan de forma "lateral".

Dejo un par de ejemplo acerca del pensamiento lateral en acción:

Por favor especule y dé respuestas "sensatas" a lo que pasó finalmente en la siguiente situación:

> "Un hombre aparece ahorcado en su celda sin ningún apoyo bajo sus pies. Tanto la puerta como la ventana están cerradas por dentro, y no existe otra salida. No hay ningún otro mueble en la habitación. ¿Cómo lo ha hecho? (la explicación en páginas posteriores)

El siguiente ejemplo, no es un problema a resolver, es simplemente la muestra de una contestación ingeniosa de personas que utilizan otro tipo de lógica, incluso estando en situaciones agresivas.

Más allá de la veracidad de esta historia, de la cual no he podido rastrear su autenticidad, el ejemplo nos viene muy bien.

Cuentan que George Bernard Shaw dirigió una nota a Winston Churchill que decía: "Le incluyo dos entradas para el estreno de mi nueva obra. Traiga a un amigo, si es que tiene alguno". La respuesta de Churchill fue la siguiente: "Me es imposible asistir la noche del estreno; iré la noche siguiente si es que todavía sigue la obra".

Otras cosmovisiones

La psicología humanista y muchas corrientes del movimiento del Desarrollo del Potencial Humano, de los años 60 y 70 en los estados unidos y paralelamente la terapia familiar sistémica y sus diversas corrientes se alimentaron de otras formas de ver y de relacionarse con el mundo. Muchas de estas nuevas formas venían de oriente, casi siempre del lejano oriente, pero también de experiencias no tradicionales o acientíficas como el chamanismo de todas partes del mundo. Los mismos autores del modelo original de la TBE han dicho que fueron estructurando éste a partir de alimentarse de una variedad de disciplinas, muchas de ellas ni siquiera científicas. El Zen, el TAO, el sufismo, el budismo y muchos movimientos espirituales de oriente han usado esta lógica no ordinaria desde tiempos milenarios. Creo importante e indispensable que quien se está formando en estas técnicas y formas de pensar se acerque desde un punto de vista vivencial a estas cosmovisiones. Para poner sólo un ejemplo, así expresa el TAO algunas de sus máximas:

Tensa un arco hasta su límite
y pronto se romperá;
Afila una espada al máximo
y pronto estará mellada;
Amasa el mayor tesoro
y pronto lo robarán;
Exige créditos y honores
y pronto caerás.

Como se darán cuenta, el pensamiento paradójico, las contradicciones entre los sistemas lógicos y la posibilidad de ver la vida a través de otros mapas no son precisamente modernos.

Hay historias preciosas e hilarantes que pueden ayudar en un momento puntual en la terapia, pero que requieren que el aprendiz incorpore otra manera de pensar.

Transcribo textualmente de su página Web el siguiente cuento Zen:

Cuando un monje vagabundo propone un debate sobre un aspecto del budismo a los monjes de un Monasterio, si vence en dicho debate tiene derecho a quedarse en tal Monasterio; pero si sale derrotado, tendrá que abandonarlo.

Dos monjes budistas, hermanos entre si, vivían en uno de estos Monasterios. El mayor estaba muy instruido en todos los temas budistas, mientras que el otro a duras penas entendía los aspectos más básicos de su filosofía; además, era tuerto.

Un día llegó cierto monje vagabundo a este monasterio, buscando alojamiento y comida por un pequeño periodo de tiempo. Solicitó tener un debate con sus moradores sobre la enseñanza suprema de Buddha Gautama. Como el mayor de los hermanos no se encontraba aquel día muy bien, le pidió al menor que se encargara de este monje mendicante, con la consigna de que hablase lo menos posible, pues conocía la escasez de conocimientos de su hermano menor.

El menor de los hermanos se enfrentó en un duro y corto debate con el monje vagabundo, tras lo cual este último fue a felicitar al hermano mayor por la suerte que tenia de contar con un compañero tan docto. El hermano mayor pidió al vagabundo que le contase como se había desenvuelto el dichoso debate, ya que estaba perplejo ante los comentarios de este monje sobre su hermano, al que consideraba más bien corto de luces.

"Pues bien", comenzó el monje vagabundo,"tu hermano me pidió que el debate transcurriera en silencio, ante lo cual yo levanté mi dedo índice para representar al Buddha, a lo que tu hermano levanto dos dedos, dando a entender de esta manera que una cosa era el Buddha y otra distinta su enseñanza. Entonces yo levanté tres dedos, para representar al Buddha, el Dharma (sus enseñanzas)y la Sangha (la comunidad de fieles). Su respuesta fue un puñetazo directo a mi cara, a la usanza de los antiguos maestros, quedándome claro de esta manera que todo procede de la Mente Única. Así que debo marcharme al haber sido derrotado".Acto seguido, el monje vagabundo abandonó el Monasterio, dejando atónito al hermano mayor, que hasta ese día había tenido a su joven hermano por persona de poco entendimiento.

Al poco llegó el hermano menor muy enojado, preguntando por el monje errante. Su hermano mayor, aún no recuperado de la sorpresa, le preguntó entonces:"¿Qué fue lo que pasó en tu debate con este monje?",a lo que el otro respondió:"cuando lo coja será tal la paliza que le daré, que no lo reconocerán ni los de su familia"."Espera", repuso el hermano mayor "y cuéntame como se desarrolló el debate".

"No hubo tal debate", contestó el menor de los hermanos, "pues tal como nos sentamos para debatir sobre algún tema, yo le pedí que lo realizásemos en silencio, y por respuesta me insultó. Levantó un dedo recordándome que yo tan solo tengo un ojo, a lo que yo le contesté levantándole dos dedos, significándole con esto que debía sentirse dichoso por que él tenia los dos ojos sanos. Entonces me levantó tres dedos, indicándome que aún así entre los dos tan solo teníamos tres ojos buenos, con lo que yo me sentí muy enojado y le golpeé en la cara. Eso ha sido todo, pero por lo que veo se ha asustado y ha huido." Nihongo Monogatari [64]

Transculturalidad

En sociedades como las europeas con un importante crecimiento de la población inmigrante es importante que el terapeuta incorpore a nivel comprensivo profesional las diferencias culturales. Las culturas no sólo son el reflejo de diversas maneras de hacer las cosas, sino que es la muestra de que las personas utilizan formas diferentes de procesar la información y de construir la realidad y por tanto de aplicar estos esquemas a la forma en que resuelven los problemas. Así como creo que toda intervención individual es una intervención familiar y social, también creo que toda intervención conlleva consigo una interacción cultural. Más allá de los migrantes, cada persona, por la región en la que ha nacido, por la familia en la que se ha criado, por los centros formativos en los que se ha educado, etc., etc., procesa y reconstruye la información constituyendo una manera individual (cultura) de relacionarse con el mundo, con el mismo y con sus problemas.

(Solución al caso del hombre ahorcado)[65]

Dos terapeutas familiares, Eduardo Brik y Carmen Bermúdez mencionan los siguientes contextos culturales que los terapeutas deberían tener en cuenta:
- Escenario ecológico
- Nacionalidad
- Clase Social
- Género
- Ocupación
- Período histórico
- Cultura de familia.

---

[64] Tomado de la página web: www.el-secreto.org. Enlace: http://el-secreto.org/expresion-libre/un-cuento-zen-chistoso/

[65] Se subió a un bloque de hielo que se convirtió en agua que, a su vez, se evaporó.

- Afiliación y cultura musical y artística
- Cultura de consumo
- Condición de Inmigrante
- Religión
- Etnia
- Generación
- Orientación sexual
- Estatus de minoría o de mayoría
- Afiliación política
- Contexto socio-político
- Cultura comunitaria
- Afiliación y cultura deportiva
- Cultura individualista / *Colectivista* (en cursiva agregado por mi)
- Cultura ecológica
- Cultura de la Tolerancia[66]

Podríamos decir que entonces todo es cultura y eso es precisamente el énfasis que quiero hacer al señalar que los terapeutas pueden volverse más efectivos si incorporan una visión transcultural.

"Más allá" o "más acá" de Nardone

Giorgio Nardone a través de sus protocolos ha logrado una evolución de la TBE en un tiempo relativamente corto. Su trabajo es muy importante, único y de una repercusión profesional sin igual. Creo que quien quiera formarse en TBE debe pasar por la formación que imparte el "Centro di Terapia Strategica" de Arezzo en Italia. La verdad es que no sé si estas precisiones, énfasis, comentarios o propuestas que he hecho en este libro están más allá o más acá de lo que sustenta el modelo de Nardone.

---

[66] Bermúdez, Carmen y Brik, Eduardo. Terapia Familiar Sistémica. Aspectos teóricos y aplicación práctica. Ed. Síntesis. Pág. 119. 2010

Lo cierto es que estar en contacto con él mismo y sus profesores me ha permitido concretar este proyecto que tenía pendiente desde hacía muchos años.

Tengo serias objeciones a muchas de las cosas que Nardone hace, no porque éstas no sean efectivas sino porque, y esto debo subrayarlo, yo no tengo ni el talento ni el talante para hacerlo de la manera en que él lo hace y porque proceso la información y me creo mis propios mapas de una manera diferente.

Por ejemplo al escuchar algunas de las intervenciones de los profesores del Centro de Terapia Estratégica, cuando preguntan sobre aspectos claves que han provocado pequeños pero estratégicos cambios, me doy cuenta que ellos hacen énfasis en un aspecto diferente del que yo veo y me lleva a preguntarme si yo estoy aplicando o entendiendo mal el modelo, o existen unas claves "supra-comunicacionales" que hacen que el cambio se produzca.

Estas claves supra-comunicacionales pueden ser entonaciones, gestos, ciertas actitudes o un proceso de intercambio de realidades que se co-construyen en el acto comunicativo y/o relacional que ayudan o empujan los procesos de cambio.

El modelo de Nardone con su énfasis en saber qué tipo de problemas estamos tratando, de determinar qué tipo de técnica se utiliza, ha devuelto a la TBE, con una importante influencia sistémica, al campo de la lógica lineal.[67]

Algo así como: si no sabes A+B, no sabrás C. La protocolización de determinadas problemáticas permite al terapeuta centrarse en lo que ya ha sido probado y descartar posibles procedimientos que han mostrado que no son tan eficaces; sin embargo, corre el riesgo de convertir al proceso de atención en una intervención previsible,

---

[67] ¡Herejía! ¡Herejía!. Si Nardone leyera esto, seguramente haría un gesto de prepotente indiferencia (nada difícil en él, una vez que le conoces un poco), así que estoy tranquilo porque dudo que la vida nos de la oportunidad de debatir conjuntamente. Y si lo hace, me temo que me llevaré un puñetazo, como el del monje vagabundo.

incluso aburrida y demasiado tecnificada. La puesta en escena y el escenario donde se desarrolla el acto de la terapia, al estilo de Nardone, es frío y "médico" por decirlo de alguna forma.

Se plantea entonces la posibilidad, ya hecha notoria desde siempre, que el modelo de la intervención estratégica puede dársele diferentes estilos para hacerlo más "cálido". Sin embargo, de acuerdo a lo que hemos comentado anteriormente, en la TBE todo es estrategia, por lo tanto construir una ambiente "calido" o "frío" debería corresponder a una acomodación a lo que puede considerarse más táctico para ayudar al consultante a conseguir sus objetivos.

Si bien, como mencionan algunos de los profesores del Centro de Terapia Estratégica, existen tres niveles de intervención, el comunicacional, el relacional y el estratégico, todo ha de quedar englobado en una estrategia completa. De lo contrario, la TBE no se diferenciaría en casi nada de modelos de terapia tradicionales. Elijo un tipo de comunicación dependiendo de la estrategia, elijo un tipo de relación dependiendo de la estrategia y elijo un tipo de estrategia (prescripción específica) dependiendo de la estrategia. Tal vez, para ser más claros, habría simplemente que enmarcar el modelo y decir: "según el modelo de Nardone las cosas se hacen así, y no confundir a las personas haciendo pensar que la única TBE es la que hace Nardone".

Otro ejemplo es que los profesores del Centro de Terapia Estratégica, hablan de que el modelo hace *diagnósticos operativos*, que a la vez que diagnostica o evalúa ya están permitiendo que la persona empiece a desbloquear la situación. Dicen que la Psicología tradicional hace un *diagnóstico descriptivo* donde se hace una relación de síntomas. Yo diría que en "mi modelo" o en "mi particular forma de integrar los modelos" no hacemos ni siquiera un diagnóstico y no es necesario, porque lo que se hace es una descripción de la situación, ayudando a desbloquear la problemática sin necesidad de enmarcarlo en un diagnóstico.

Es posible que esto responda a la exigencias del aparato científico europeo dependiente aún del modelo biomédico, pero no corresponde a lo que los creadores originales del modelo de terapia breve explicaron en la táctica del cambio donde establecieron más que diagnósticos, tipologías de formas en que las personas intentan resolver los problemas. No tenemos en este caso a un "fóbico" sino a persona que "intentan dominar un acontecimiento temido aplazándolo".[68]

Estos son sólo un par de ejemplos de que a pesar de llamar diferentes intervenciones bajo el paraguas de TBE, la formas de asimilar, procesar y abordar la información y la terapia pueden ser diferentes, aunque indudablemente se alimenten mutuamente.

---

[68] Fish, Weakland y Segal. La Táctica del Cambio. Herder. 1984, Págs. 149-196

DE BUENAS INTENCIONES ESTÁ EMPEDRADO EL INFIERNO (Epílogo)

"...y necesitamos este cambio de percepción. Nuestra sociedad, nuestras universidades, nuestras corporaciones, nuestra economía, nuestra tecnología, nuestra política están todas ellas estructuradas conforme al viejo paradigma cartesiano. Necesitamos el cambio..." Fritjof Capra[69]

El título de este epílogo es un viejo proverbio popular que significa entre otras cosas que no son suficientes las buenas intenciones sino que éstas hay que llevarlas a la acción. A través de este libro he querido cumplir con esto. Pero la frase también sugiere que aunque las intenciones puedan ser buenas las consecuencias pueden no corresponder con ellas y provocar efectos no deseados o incluso dañinos. Este proceso para mí es inevitable.

Espero y confío que los efectos se correspondan lo mejor posible a las intenciones que tenía al escribirlo.

Actualmente existen poderosas herramientas para provocar cambios efectivos en las personas, que les permiten acceder a una calidad de vida correspondiente a su dignidad como personas en una sociedad que se precia de ser civilizada.

Yo creo que siempre somos "candidatos a". No somos humanizados por el simple hecho de nacer humanos, somos candidatos a la humanidad. No somos civilizados por enunciar en un serie de documentos lo que deberíamos vivir, somos candidatos a ser civilizados.

La TBE es una poderosa herramienta para los terapeutas que quieran mejorar su eficacia profesional y dar respuestas efectivas a las personas que atienden.

---

[69] En El Paradigma Holográfico. Edición a cargo de Ken Wilber. Kairós. 1987. Pág. 281.

Mi interés profesional está orientado en seguir aprendiendo y aplicando técnicas, modelos y planteamientos de la TBE, conjuntamente con la investigación y búsqueda de otros constructos que puedan ayudar a las personas de manera más efectiva.

Ahora hay muchos recursos e ideas interesantes y creo que en el debido espacio de estudio y aplicación se puede desarrollar lo que ya mencioné como una posibilidad al principio del libro, un modelo de **Terapia Breve Estratégica Integradora o Integrativa (TEBI)**. Tampoco estamos siendo especialmente innovadoras con esta idea ya que de manera espontánea es lo que una gran mayoría de profesionales hacen ya. Mi aporte es tratar de integrarlos en unos ejes epistemológicos y operativos con carácter profesional, ético y replicables.

Espero haber transmitido la idea de que con un poco de creatividad y un ejercicio deliberado de desmontar los constructos que sustentan la lógica ordinaria, podemos multiplicar exponencialmente las alternativas de la TBE. Así que: *¡Te ordeno, ser libre!.*

BIBLIOGRAFIA

Algunos de los autores de los mencionados acá cuentan con una extensa bibliografía, que considero que debe ser revisada. Relacionamos acá sólo aquella que de manera directa o indirecta ha sido tenida en cuenta en el libro.

BERMÚDEZ, Carmen y BRIK, Eduardo. Terapia Familiar Sistémica. Aspectos teóricos y aplicación práctica. Ed. Síntesis. 2010

BERTALANFFY, LUDWIG VON. Teoría General de los Sistemas. Fondo de Cultura Económica de España, S.L. 1976

BIELBA, Adriana e Igor Zabaleta. Culto Zen. Edimat Libros. 2005.

CADE, Brian, y HUDSON, William. Guía Breve de la Terapia Breve. Barcelona: Paidós, 1995.

CAPRA, Fritjof. La trama de la Vida. Editorial Anagrama. 1998

CORREA MAYA, Ricardo. Constructivismo, el Paradigma, el Aprendizaje, la Enseñanza y el cambio Conceptual. Santiago de Cali: Publicado, 1994.

De SHAZER, Steve. Claves para la Solución en Terapia Breve. Paidós. 1989.

ELLIS, Albert y Rusel Grieger. Manual de Terapia Racional Emotiva. Ed. Desclée de Brouwer. 2003

FISCH, Richard y Karin Schlanger. Cambiando lo incambiable. Herder. 2002.

FISCH, R., WEAKLAND, J.H. Y SEGAL, L. La táctica del cambio. Barcelona: Herder. 1.984

GERSTEIN, Marc S. Encuentro con la tecnología. Estrategias y cambios en la era de la información. Addison-Wesley Iberoamericana, México, 1988.

LUCIO, Ricardo. El Enfoque Constructivista en la Educación. Revista Educación y Cultura. Bogotá: Fecode, 1987.

MARTÍNEZ, Miguel. *Comportamiento Humano: Nuevos Métodos de Investigación.* 1ª edic. México: Edit. Trillas. 1989. Reimpresión: 1994.

MARTÍNEZ, Miguel. Psicología Humanista. México: Trillas, 1982.

MARTÍNEZ, Miguel. La Investigación Cualitativa Etnográfica en Educación. México: Trillas, 1994.

MATURANA, Humberto. La Realidad: ¿Objetiva o Construida?. México: Anthropos, 1995.

MONTOYA, Sergio. JALIPU DE ALVUPI(Los dioses y demonios de conocimiento). Edición particular. Medellín. 1996.

MONTOYA, Sergio. La Cultura de los Engañados. Ed. Fundación Razones Soñadas. Medellín. 1998.

MONTOYA, Sergio. Jalipú de Alvupi ATACA DE NUEVO. Creating Links & Advanced Services. 2003

MONTOYA, Sergio. La Espada del Augurio. Creating Links & Advanced Services. 2004

MONTOYA, Sergio. 11 ideas útiles para estar mejor. Creating Links & Advanced Services. 2005

MONTOYA, Sergio. ¿Algo se podrá hacer, no?. Nuevos mapas mentales para el análisis de los problemas internacionales y posibles soluciones integrales. Creating Links & Advanced Services. 2006

MORIN, Edgar. Introducción al pensamiento complejo. Gedisa Editorial. 1996

NARDONE, Giorgio. Psicosoluciones. Herder. 2002

NARDONE, Giorgio; WATZLAWICK, Paul. El Arte del Cambio. Barcelona; Herder, 1992.

NARDONE, Giorgio. El arte de la Estratagema. RBA Integral. 2004.

NARDONE, Giorgio. El diálogo estratégico. RBA Integral. 2006.

O´CONNOR Joseph y Ian McDermott. Introducción al Pensamiento Sistémico. ED. Urano. 1997

SEGAL, Lynn. Soñar la realidad. El Constructivismo de Heinz Von Foerster. Paidós. Págs. 41-42. 1994.

WATZLAWICK, Paul; WEAKLAND, John; FISCH, Richard. Cambio. Barcelona: Herder, 1985

WATZLAWICK, Paul. ¿Es real la realidad? Herder. 1986
WATZLAWICK, Paul. El lenguaje del Cambio. Herder. 1986

WATZLAWICK, Paul. La Realidad Inventa. Buenos Aires, Argentina: Gedisa, 1988.

WATZLAWICK, Paul y Giorgio Nardone. Terapia Breve: Filosofía y Arte. Herder. 2ª ED. 2003.

WILBER, Ken y otros. EL Paradigma Holográfico. Kairós. 1987.

WITTEZAELE, Jean Jacques y Teresa García.. La Escuela de Palo Alto. Barcelona: Herder, 1994

http://edwdebono.com/

www.ingramcontent.com/pod-product-compliance
Lightning Source LLC
Chambersburg PA
CBHW050457290526
45786CB00006B/2327